MARCEL SCHWOB

Spicilège

FRANÇOIS VILLON — SAINT JULIEN L'HOSPITALIER

PLANGÔN ET BACCHIS

DIALOGUES SUR L'AMOUR, L'ART ET L'ANARCHIE

PARIS

SOCIÉTÉ DV MERCVRE DE FRANCE

XV, RVE DE L'ÉCHAVDÉ-SAINT-GERMAIN, XV

—

M DCCC XCVI

R. Lechner (W. Müller)

Librairie de la Cour impériale et royale
et de l'Université

Vienne, Graben 31.

DU MÊME AUTEUR

CŒUR DOUBLE...........................	1 vol.
LE ROI AU MASQUE D'OR..................	1 vol.
MIMES..................................	1 vol.
LE LIVRE DE MONELLE	1 vol.
MOLL FLANDERS (traduit de l'anglais de DANIEL DE FOE)...............................	1 vol.
VIES IMAGINAIRES........	1 vol.
LA CROISADE DES ENFANTS................	1 vol.

SPICILÈGE

IL A ÉTÉ TIRÉ DE CET OUVRAGE :

*Trois exemplaires sur japon
impérial, numérotés 1 à 3, et neuf
exemplaires sur hollande, numérotés 4 à 12.*

JUSTIFICATION DU TIRAGE :

Droits de reproduction et de traduction réservés pour tous pays
y compris la Suède et la Norvège.

MARCEL SCHWOB

SPICILÈGE

FRANÇOIS VILLON — SAINT JULIEN L'HOSPITALIER

PLANGÔN ET BACCHIS

DIALOGUES SUR L'AMOUR, L'ART ET L'ANARCHIE

PARIS

SOCIÉTÉ DV MERCVRE DE FRANCE

XV, RVE DE L'ÉCHAVDÉ-SAINT-GERMAIN, XV

M DCCC XCVI

Tous droits réservés.

FRANÇOIS VILLON

I

FRANÇOIS VILLON

Les poèmes de François Villon étaient célèbres dès la fin du xve siècle. On savait par cœur le *Grand* et le *Petit Testament*. Bien qu'au xvie siècle la plupart des allusions satiriques des legs fussent devenues inintelligibles, Rabelais appelle Villon « le bon poète parisien ». Marot l'admirait tellement qu'il corrigea son œuvre et l'édita. Boileau le considéra comme un des précurseurs de la littérature moderne. De notre temps, Théophile Gautier, Théodore de Banville, Dante Gabriel

Rossetti, Robert Louis Stevenson, Algernon Charles Swinburne l'ont passionnément aimé. Ils ont écrit des essais sur sa vie, et Rossetti a traduit plusieurs de ses poèmes. Mais jusqu'aux travaux de MM. Auguste Longnon et Byvanck, qui parurent de 1873 à 1892, on ne savait rien de positif sur le texte de ses œuvres ou sur sa véritable biographie. On peut aujourd'hui étudier l'homme et son milieu.

Quoique François Villon ait emprunté à Alain Chartier la plupart de ses idées morales, à Eustache Deschamps le cadre de ses poèmes et sa forme poétique ; bien que, près de lui, Charles d'Orléans ait été un poète de grâce infinie et que Coquillart ait exprimé la nuance satirique et bouffonne du caractère populaire, c'est l'auteur des *Testaments* qui a pris la grande part de gloire poétique de son siècle. C'est parce qu'il a su donner un accent si personnel à ses poèmes que le style et l'expression littéraire cédaient au frisson nouveau d'une âme « hardiment fausse et cruellement triste ». Il faisait parler et crier les choses, dit M. Byvanck, jusque-là enchâssées dans de grandes machines de rhétorique qui branlaient sans cesse leur tête somnolente. Il transformait tout le legs du moyen âge en l'animant de son propre désespoir et des remords de sa vie perdue. Tout ce que les autres avaient inventé comme des exercices de pensée ou de langage, il l'adaptait à des sentiments si intenses qu'on ne reconnaissait plus la poésie de la tradition. Il avait la mélancolie philosophique d'Alain Chartier devant la vieillesse et la mort; la tendre grâce et les doux pensers d'exil du pauvre Charles d'Orléans, qui vit si longtemps éclore les fleurs des prairies d'Angleterre au jour de la Saint-Valentin ; le réalisme cynique d'Eustache Deschamps ; la bouffonnerie et la satire dissimulée de Guillaume Coquillart; mais les expressions qui, chez les autres, étaient des modes littéraires, paraissent devenir chez Villon des nuances d'âme ; lorsqu'on songe qu'il fut pauvre, fuyard, criminel, amoureux et pitoyable, condamné à une mort honteuse, emprisonné de longs mois, on ne peut méconnaître l'accent douloureux de son œuvre. Pour la bien comprendre et juger de la sincérité du poète, il faut rétablir, avec autant de vérité qu'il est possible, l'histoire de cette vie si mystérieusement compliquée.

I

Il est impossible d'arriver à une certitude sur l'endroit où naquit François Villon, non plus que sur la condition de ses parents. Quant à son nom, il est probable qu'il faut accepter définitivement celui de François de Montcorbier. C'est ainsi qu'il figure sur les registres de l'Université de Paris. Une lettre de rémission lui donne le nom de François des Loges, et il devint connu sous celui de François Villon.

On sait aujourd'hui que ce nom de Villon fut donné au poète par son père d'adoption, maître Guillaume de Villon, chapelain de l'église Saint-Benoît-le-Bétourné. Ce chapelain, suivant un usage du temps, portait le surnom de la petite ville d'où il était originaire, Villon, située à cinq lieues de Tonnerre. Sa nièce, Étiennette Flastrier, y demeurait encore après sa mort, en 1481.

Villon nous dit qu'il était lui-même pauvre, de petite naissance; si l'on en juge par la ballade qu'il composa pour sa mère, c'était une bonne femme pieuse et illettrée. Il naquit en 1431, pendant que Paris était encore sous la domination anglaise. On ne sait à quelle époque maître Guillaume de Villon le prit sous sa protection et le fit étudier à l'Université; en mars 1449, il était reçu bachelier ès-arts et, vers le mois d'août 1452, il passa l'examen de licence et fut admis à la maîtrise. On peut, entre 1438 et 1452, se faire une idée assez juste de la manière de vivre et des relations du jeune homme. Il avait sa chambre dans l'hôtel de maître Guillaume de Villon, à la *Porte Rouge*, au cloître de Saint-Benoît-le-Bétourné. Probablement, malgré les accidents de son existence, il la conserva jusqu'à la fin de sa vie; car le dernier document qui nous ait transmis un détail de sa vie intime nous montre qu'en 1463 il pouvait encore recevoir des amis dans cette chambre de la Porte Rouge, sous le cadran de Saint-Benoît.

Ce fut un triste temps pour les Parisiens, après l'entrée du roi Charles VII, en 1437. Ils venaient de subir l'occupation des Anglais ; et l'hiver qui suivit, en 1438, fut terrible. La peste éclata dans la cité, et la famine fut si dure que les loups erraient par les rues et attaquaient les hommes. On a conservé de curieux mémoires qui nous renseignent sur un petit cercle de la société à cette époque. C'est le registre des dépenses de table du prieur de Saint-Martin-des-Champs, Jacques Seguin, du 16 août 1438 au 21 juin 1439. Jacques Seguin était un pieux homme, simple et frugal, faisant parfois lui-même ses achats, car il était friand de poisson et il aimait le choisir. Son receveur tenait un compte exact de ses dépenses. D'ailleurs, le prieur de Saint-Martin-des-Champs était un grand seigneur ecclésiastique, et pendant cette famine de l'hiver 1438-1439, il invita souvent ses amis à dîner. Nous connaissons les noms des convives, grâce aux notes consciencieuses du receveur Gilles de Damery. C'étaient des gens de marque, prélats, capitaines, bouteillers, procureurs et avocats. Entre autres, maître Guillaume de

Villon apparaît comme un commensal ordinaire du prieur de Saint-Martin-des-Champs. On peut supposer sans trop de hardiesse qu'il avait des relations communes avec le prieur, et que les convives de Jacques Seguin étaient pour la plupart choisis dans le cercle de ses amis. Les dîners n'étaient point très graves, puisque deux femmes y assistaient, que le receveur appelle la Davie et Regnaulde. Mais ce qui frappe d'abord, c'est le nombre de procureurs et d'avocats au Châtelet. Il y a là maîtres Jacques Charmolue, Germain Rapine, Guillaume de Bosco, Jean Tillart, examinateur à la chambre criminelle, Raoul Crochetel, Jean Chouart, Jean Douxsire et d'autres encore, jusqu'à Jean Truquan, lieutenant criminel du prévôt de Paris. Voilà quelle était la société habituelle du chapelain de Saint-Benoît-le-Bétourné. On comprend dès lors que François Villon ait connu nombre de gens du Châtelet, outre ceux avec qui il eut relation par force, et qu'il ait entretenu commerce d'amitié avec le prévôt Robert d'Estouteville. On est moins surpris que le chapelain de Saint-Benoît ait pu tirer son fils adoptif « de maint bouillon »; on apprend par quelles influences François Villon put se faire accorder deux lettres de rémission pour le même crime, sollicitées sous deux noms différents, et comment il obtint gain de cause par un appel au parlement, dans un temps où l'appel était d'institution si récente et où les appelants réussissaient si rarement. Il est possible que Jean de Bourbon, Ambroise de Loré, peut-être même Charles d'Orléans aient intercédé pour lui; mais sans doute, le plus souvent, il eut recours aux amis de Guillaume de Villon parmi lesquels il fut élevé.

Ainsi il entendit de fort bonne heure les conversations des gens de robe et il fut marqué pour être clerc, peut-être suivant ses goûts, et envoyé à l'Université, où sa bourse, qu'il versait toutes les semaines entre les mains de l'économe, était de deux sous parisis. Il y étudia sous maître Jean de Conflans. Aristote et la Logique ne paraissent pas l'avoir attiré, car il les raille sans pitié dans sa première œuvre. Mais les légendes de l'Ancien et du Nouveau Testament, l'histoire d'Ammon, celle de Samson, le conte grec d'Orphée, la vie de Thaïs, les touchantes aventures d'Hélène et de Didon lui laissèrent de vifs souvenirs. Il eut assez tôt le goût des vieux romans français et des héros de nos traditions. En fait, son premier poème, la première ébauche qu'il esquissa, encore écolier, et que nous avons perdue, fut un roman héroï-comique. L'histoire de ce roman est liée si intimement à l'existence même de François Villon pendant cette période qu'il faut l'exposer succinctement ici.

L'Université en 1452 était dans un désordre très grand, et François Villon y entra au moment où les écoliers y devenaient rebelles et tumultueux. Les troubles duraient depuis l'année 1444. Le recteur, sous prétexte qu'il avait été insulté pour son refus de payer une imposition, fit cesser les prédications du 4 septembre 1444 au 14 mars 1445, dimanche de la Passion. Il y avait des précédents, et dans une affaire de ce genre l'Université avait eu gain de cause en 1408. Cependant la justice laïque devint sévère; quelques écoliers furent emprisonnés, et malgré les réclamations de l'Université, le roi Charles VII fit juger le procès au parlement et menaça de poursuites les auteurs de la cessation des leçons et sermons. Le cardinal Guillaume d'Estouteville fut délégué par le pape Nicolas V, afin de rédiger un acte de réformation (1ᵉʳ juin 1452). Mais les écoliers n'acceptèrent pas les nouveaux règlements. Ils s'étaient habitués à la licence. Le procureur du roi, Popaincourt, plaidant au parlement en juin 1453, dit « que depuis *quatre* ans ençà est venu à notice qu'aucuns de l'Université faisoient plusieurs excès dont on murmuroit à Paris, comme d'avoir arraché bornes et estre venuz à l'Ostel du Roy (1) à port d'armes et comment depuis naguère ils s'estoient transportés à la Porte Baudet avec des échelles et y avoient arraché enseignes d'hôtel attachiées à crampons de fer et s'estoient vantez avoir d'autres enseignes ».

Parmi les bornes qu'ils arrachèrent ainsi, se trouvait une pierre très remarquable, située devant l'hôtel de Mˡˡᵉ de Bruyères, dans la rue du Martelet-Saint-Jean, en face de Saint-Jean en

---

(1) Palais royal ou de justice.

Grève (1). On trouve cet hôtel mentionné dès 1322, sous le nom d'Hôtel du Pet-au-Diable. La borne qui était plantée devant sa façade était une des curiosités de Paris. Sans doute elle était sculptée et couverte d'ornements. Elle fut volée en 1451 et le parlement commit au mois de novembre de la même année Jean Bezon, lieutenant criminel, pour s'informer de son transport, avec ordre de se saisir de tous ceux qui seraient trouvés coupables. Jean Bezon la fit reprendre, et, en attendant le procès, apporter à l'Hôtel du Roi ou Palais de Justice. Mais elle disparut de nouveau et on ne la retrouva que le 9 mai 1453. D'ailleurs, Mlle de Bruyères, qui était une vieille personne quinteuse, aimant à plaider, fière de son hôtel et de la tour qui en faisait une sorte de construction féodale, et refusant à cause de cela depuis de longues années de payer le cens à la Commanderie du Temple, se lassa d'attendre et fit remplacer sa borne. A peine la nouvelle pierre fut-elle plantée devant l'hôtel de la rue du Martelet-Saint-Jean, qu'elle fut enlevée comme la première.

(1) A l'emplacement de la caserne Lobau.

On n'ignorait pas que les coupables étaient les écoliers de l'Université. Ils avaient apporté les pierres, l'une sur la montagne Sainte-Geneviève, l'autre sur le mont Saint-Hilaire, un peu plus bas, à l'emplacement du Collège de France. Là, avec des cérémonies burlesques, ils avaient marié les deux bornes et consacré leurs privilèges. Tous les passants, et surtout les officiers du roi, étaient tenus de tirer leur chaperon aux pierres et de respecter leurs prérogatives. Les dimanches et fêtes, on couronnait ces bornes avec des « chapeaux » de romarin, et la nuit les écoliers dansaient autour « à son de fleutes et de bedons ». Ceux de la basoche s'étaient unis dans ces réjouissances avec les autres. Ils rompaient la nuit les enseignes à grand tumulte, en criant : « Tuez ! tuez ! » pour faire mettre les bourgeois aux fenêtres. Ils étaient allés aux Halles pour décrocher l'enseigne de la Truie Qui File, et l'un d'eux, tombant de l'échelle qui était trop courte, se tua sur le coup. A la porte Baudet, ils avaient pris l'enseigne de l'Ours, ailleurs le Cerf et le Papegault. Ils se proposaient de célébrer le mariage de la Truie et de l'Ours par-devant le Cerf, et d'offrir le Perroquet à la nouvelle mariée, en manière de présent de noces. A Vanves, ils avaient enlevé une jeune femme qu'ils maintenaient depuis dans leur forteresse. A Saint-Germain-des-Prés, ils avaient volé trente poules et poulets. Les bouchers de la montagne Sainte-Geneviève portaient plainte à la prévôté : les écoliers leur avaient emporté les crochets de fer où ils pendaient leurs pièces de viande. Enfin, ils s'étaient retranchés sur la montagne, dans l'hôtel Saint-Étienne, où ils avaient les enseignes, deux leviers pleins de sang, les crochets de fer, un petit canon et de grandes épées.

Cette étrange turbulence dura jusqu'au mois de mai 1453. Les écoliers « pullulaient », disent les témoins, sur la montagne Sainte-Geneviève. Les bourgeois se lamentaient, et les marchands se complaignaient. Il est probable que François Villon, qui était encore à l'Université dans l'été de 1452, prit quelque part à ces réjouissances. Une tradition constante lui attribue de fameux tours qu'il fit sans doute pendant ces années joyeuses. Quel-

ques-uns de ses compagnons composèrent
là-dessus des contes en vers, qu'on nomme
Repues franches, et qui ont été publiés sous
le nom de François Villon jusqu'à ce que
M. Longnon les ait résolument classés parmi
les pièces justificatives. On voit par ces contes
que Villon et ses amis escroquaient, pour
dîner, du poisson à la poissonnerie, des tripes
chez une tripière du Petit-Pont, du pain chez
le boulanger, des pièces de viande à la rôtis-
serie, et du vin de Beaune à la taverne de la
Pomme de Pin. Ce fameux « trou » de la
Pomme de Pin était un cabaret de la Cité,
dans la rue de la Juiverie, avec une double
entrée dans la rue aux Fèves, non des mieux
renommés, car, dès 1389, un commun larron,
Jeannin la Grève, venait y faire, avec un sien
camarade, la répartition d'une douzaine d'é-
cuelles volées. Il demeura célèbre jusqu'au
temps de Rabelais, et plus tard, avec toutes
ses traditions de vie de bohême. Au temps où
François Villon fréquenta cette taverne, elle
était tenue par Robin Turgis. Villon parle de
Robin Turgis, à plusieurs reprises, dans le
Grand Testament, et avoue ce larcin, qui

devint si connu par les *Repues franches*. On sait d'ailleurs que Villon quitta Paris en 1456, et qu'il n'y rentra qu'après la publication du *Grand Testament*, en 1461. On ne peut donc placer l'escroquerie du broc de vin de Beaune que dans les années qui précèdent le départ de Villon, c'est-à-dire en 1452 et 1453, quand les écoliers prenaient des poules à Saint-Germain-des-Prés et des crochets de fer aux bouchers de la montagne Sainte-Geneviève. Voilà le temps que Villon déplore :

> Je plaings le temps de ma jeunesse,
> Ouquel j'ay plus qu'autre gallé...
> . . . .
> Hé Dieu ! se j'eusse estudié
> Au temps de ma jeunesse folle,
> Et à bonnes meurs dedié,
> J'eusse maison et couche molle !
> Mais quoy ? je fuyoie l'escolle,
> Comme fait le mauvais enfant...
> En escripvant ceste parolle,
> A peu que le cueur ne me fent..

C'est quand il avait ainsi la vie facile, logeant chez le chapelain, vivant sur l'habitant, et plein de « nonchaloir », que François Villon put regarder autour de lui et prendre goût à la peinture réaliste du vrai Paris. Au coin d'une rue, entre Isabeau et Jehanneton, il rencontra « la belle qui fut heaulmière », vieille, chenue, et dont le rusé garçon était mort passé trente ans. Elle était parvenue à un âge extraordinaire : car dès 1410 elle avait fait scandale à Paris avec le fameux Nicolas d'Orgemont. Il en eut pitié. Comme Mlle de Bruyères, dont le caractère semble avoir été difficile, devait injurier les étudiants, avec ses chambrières « qui ont le bec si affilé », quand ils venaient en tumulte déterrer les bornes à l'hôtel de la rue du Martelet-Saint-Jean, Villon fit sur elle la ballade :

Il n'est bon bec que de Paris.

Enfin il se lia, pendant ces années, avec deux clercs de mauvaise vie, Regnier de Montigny et Colin de Cayeux. En août 1452, Regnier de Montigny, qui était d'une famille noble de Bourges, fut condamné au bannissement pour avoir rossé une nuit deux sergents du guet à la porte de « l'ostel de la Grosse Margot ». Regnier de Montigny était avec deux compagnons, Jehan Rosay, et un nommé

Taillelamine. Rosay fut pris avec lui, et nous les retrouverons, plus tard encore, signalés ensemble dans un terrible procès. Là il faut convenir qu'il ne s'agissait que d'une lourde frasque d'écolier. L'un des sergents, qui était de service, ayant tiré sa dague, Montigny la lui arracha et frappa du manche le bourrelet de son chaperon. Il ne paraît pas que François Villon ait aidé ses camarades cette nuit-là. Mais il connaissait fort bien l'hôtel à l'enseigne de la Grosse Margot, qu'il fréquentait sans doute avec Montigny. La peinture de la planche dressée au-dessus du porche, « très douce face et pourtraicture, » lui donna l'idée d'une ballade cynique. Ce n'est pas à dire que ce poème ne retrace un épisode vrai de l'existence irrégulière du poète : le procès de ceux qui devaient être ses compagnons quelques années après laisse peu de doute à cet égard ; mais il y a une équivoque littéraire. Si on réfléchit d'ailleurs que le premier vers de l'envoi, si horriblement désabusé,

  Vente, gresle, gelle, j'ai mon pain cuit !

a été choisi pour faire la première lettre de

l'acrostiche du nom de Villon, il sera clair que cette ballade est surtout un tour de force en poésie. Mais rien n'y semble contraint ni ajusté, et c'est en cela que consiste l'art supérieur de ce poète.

Colin de Cayeux était fils d'un serrurier qui paraît avoir habité dans le quartier de Saint-Benoît-le-Bétourné, près de la Sorbonne. Il y connut probablement de bonne heure François Villon. Ce Colin était clerc, et, en 1452, il avait eu déjà deux fois maille à partir avec la justice pour piperie. On l'avait rendu à l'évêque de Paris. C'était donc, dès ce temps, un homme de fort mauvaises mœurs. Nous le retrouverons aussi plus tard, en compagnie de François Villon et de Regnier de Montigny. Ces deux amis donnèrent à Villon le moyen de passer sur-le-champ de la vie universitaire et collégiale à une existence de crime et de vagabondage. En même temps, ses relations avec eux lui créaient une manière de seconde existence, obscure et basse, qui devait plaire à une nature déjà perverse. C'est pendant des courses nocturnes, où il fréquentait des gens de toute espèce, qu'il dut connaître des voituriers par eau, des égoutiers de fossés, comme Jehan le Loup, ou des meneurs de hutin, comme Casin Cholet, avec lesquels il allait voler des canards qu'on mettait en sac au revers des murs de Paris. Ce Casin Cholet était grand querelleur, se battit avec un autre compagnon de Villon, Guy Tabarie, avant 1456, et plus tard, en 1465, le 8 juillet, s'amusa à donner faussement l'alarme aux Parisiens, la nuit, criant : « Boutez-vous tous en vos maisons, et fermez vos huis, car les Bourguignons sont entrez dedans Paris ! » Pour ce méfait, il fut emprisonné au mois d'août suivant, et fustigé de verges par les carrefours. Il était alors sergent au Châtelet, et Villon eut plusieurs compagnons parmi ces Unze-Vingts, comme on les appelait : Denis Richier, Jehan Valette, Michault du Four, et Hutin du Moustier, tous gens de mauvaise vie, tapageurs et ivrognes ; il fréquenta Hutin du Moustier au moins jusqu'en 1463. Quant à Guy Tabarie, nous le retrouverons tout à l'heure mêlé à une affaire criminelle.

Cependant, les habitants des montagnes Sainte-Geneviève et Saint-Hilaire, ainsi que

Mlle de Bruyères, continuaient à se plaindre de la licence des écoliers à la prévôté de Paris. Le matin de la Saint-Nicolas (9 mai 1453), le prévôt de Paris, Robert d'Estouteville, le lieutenant-criminel, Jean Bezon, quelques examinateurs au Châtelet, avec des sergents à verge, se rendirent au quartier des Écoles.

Les étudiants avaient annoncé qu'il y aurait des « têtes battues » si on les troublait ; mais ce matin-là un grand nombre d'entre eux assistaient à la messe de leurs « nations ». Les sergents forcèrent les portes de trois hôtels de la rue Saint-Jacques, où ils avaient enfermé les enseignes décrochées, arrachèrent les bornes et les mirent dans une charrette. Puis ils défoncèrent une « queue » de vin dans l'une des maisons, et burent et mangèrent les provisions des écoliers pour déjeuner, étant en service extraordinaire. Après boire, ils trouvèrent la jeune femme enlevée à Vanves, qui hachait de la porée, et la mirent aussi dans la charrette, coiffée de la chape d'un étudiant. Un des sergents s'affubla plaisamment d'une robe d'écolier et d'un chaperon ; et les autres le menaient, par dérision, sous les bras, comme représentant les étudiants de l'Université, le frappant de droite et de gauche et lui criant : « Où sont tes compagnons ? » Sans doute le lieutenant-criminel avait abandonné l'exécution des ordres à ses sergents, après avoir fait saisir les bornes et les enseignes. Enfin, dans l'hôtel du prévôt d'Amiens, où logeaient beaucoup d'écoliers sous la direction d'un pédagogue, on en arrêta une quarantaine qu'on mena au Châtelet. L'aventure leur sembla plaisante, et ils en rirent. Le lieutenant-criminel s'indigna, et comme un écolier était venu voir son camarade prisonnier, il le retint au Châtelet. Tandis qu'il les interrogeait, ils éclatèrent encore de rire. Le lieutenant donna deux soufflets à l'un d'eux et s'écria : « Mort-Dieu ! si j'avois été en la place, j'aurois fait tuer ! »

C'est ce qui arriva l'après-midi. En effet, le recteur, à la tête de huit cents étudiants, en colonne par neuf, vint réclamer ses prisonniers chez le prévôt, Robert d'Estouteville, qui habitait rue de Jouy. Le prévôt consentit à rendre les écoliers. Malheureusement, Robert d'Estouteville ayant mandé, par son barbier, le lieutenant-criminel et les sergents, il y eut des insultes entre écoliers et gens du guet. Une terrible bagarre suivit. Les écoliers attaquèrent à coups de pierre, et les sergents se défendirent avec leurs masses et des arcs. Un jeune étudiant en droit fut tué sur place. L'archer Clouet avait visé déjà le recteur; on détourna la flèche. Un pauvre prêtre fut jeté dans le ruisseau ; plus de quatre-vingts personnes lui passèrent sur le corps; il perdit son chaperon et son bonnet; rencontrant un sergent vêtu d'une cotte violette, il fit voir qu'il était prêtre, — mais le sergent lui envoya un coup de dague. Il courut chez un bourrelier, en fut chassé, et s'enfuit devant des gens armés de pelles et de bûches. Deux fillettes lui offrirent asile; mais il n'osa, par honnêteté. Enfin il se traîna chez un barbier, et là trouva nombre d'étudiants blottis dans les huches et sous les lits; lui-même se réfugia sous l'étal, et cria pour avoir à boire.

Telle fut cette querelle, jugée au Parlement à la requête de l'Université, qui obtint gain de cause, comme d'ordinaire, le 12 septembre 1453. L'origine de la guerre avait été la pierre du Pet-au-Diable, enlevée devant l'hôtel de Mlle de Bruyères. L'aventure inspira Villon, et, en 1461, il léguait à maître Guillaume de Villon le manuscrit de son premier poème :

> Je luy donne ma librairie
> Et le *Rommant du Pet-au-Diable*
> Lequel maistre Guy Tabarie,
> Grossa qui est homs véritable.
> Par cayers est soubz une table.
> Combien qu'il soit rudement fait,
> La matière est si tres notable
> Qu'elle amende tout le meffait.

Ce roman du *Pet-au-Diable*, qui ne nous est pas parvenu, devait être une œuvre héroï-comique où Villon racontait la vie joyeuse des écoliers et leur déconvenue. Elle contenait probablement des ballades intercalaires, comme le *Roman de la Rose*, de Guillaume de Dol, le *Roman de la Violette*, de Gérard de Nevers, ou le roman de *Meliador*, de Froissard. Parmi celles-là on peut désigner en toute sûreté la *Ballade des femmes de Paris*. D'ailleurs, le jeu des enseignes donnait « notable matière » à plaisanteries. Ces équivoques restèrent familières à François Villon. Elles étaient dans le goût de son temps. A la même époque on écrivit une facétie en prose, le *Mariage des IV fils Hemon*, que l'on fiance à une autre enseigne, les *Trois filles Dan Simon*. Les *Trois Pucelles*, devant l'hôtel de Jean Truquan, devaient tenir compagnie aux épousées, et le *Chevalier au Cygne* de la rue des Lavandières les conduirait au moustier. On voyait sans doute, dans le roman de François Villon, un mariage tout pareil entre l'*Ours* de la Porte-Baudet et la *Truie qui file* des Halles, avec le *Papegault* pour amuser la mariée et le *Cerf* pour célébrer les noces. Ailleurs, François Villon parlait peut-être des brocs de vin d'Aulnis que buvaient les écoliers à la Pomme de Pin, et des mauvais tours qu'ils firent rue Saint-Jacques, rue de la Juiverie et au Petit-Pont. Ce sont les fragments de tout cela que nous avons dans les *Repues franches*.

Villon prit-il lui-même une part active aux désordres de l'Université? Rien ne le démontre, et il était plutôt de caractère à regarder faire. Quand il fut mêlé directement aux choses, il garda toujours, dans l'action, une mine d'attente. Puis les relations qu'il avait dans ce temps avec le prévôt de Paris lui auraient rendu difficile une opposition ouverte. Tout fait supposer, en effet, qu'il était reçu, en 1452, chez Ambroise de Loré, femme de Robert d'Estouteville, dans son hôtel de la rue de Jouy. C'était une charmante personne, affable et intelligente. Quand Robert d'Estouteville tomba en disgrâce, en 1460, Jehan Advin, conseiller au Parlement, fit une perquisition chez lui ; on fouilla les boîtes et les coffres ; « et fist plusieurs rudesses audit hostel, écrit l'auteur de la *Chronique scandaleuse*, à dame Ambroise de Loré, femme dudit d'Estouteville, qui estoit moult sage, noble et honneste dame. Dieu de ses exploicts le vueille pugnir, car il le a bien desservy ! » Le même chroniqueur, rapportant la mort d'Ambroise de Loré, le 5 mai 1468, répète qu'elle était « noble dame, bonne et honneste, et en l'hostel de laquelle toutes nobles et honnestes personnes estoient honorablement receuës ». Il y avait peut-être des poètes qui étaient accueillis auprès d'Ambroise de Loré. La fortune et la haute naissance de son mari permettent de le croire. Les œuvres d'Alain Chartier contiennent une complainte de quatorze huitains « présentée à Paris l'an 1452 ». Les premières lettres de chaque huitain donnent le nom d'Ambroise de Loré. La complainte n'est pas d'Alain Chartier ; elle fut recueillie dans ses œuvres par erreur. Les poètes composaient donc des vers pour cette dame, qui les recevait. François Villon adressa aussi à Robert d'Estouteville une ballade qui porte en acrostiche le nom d'Ambroise de Loré. On a cru jadis que c'était à l'occasion de son mariage. Mais il y a une allusion très claire à l'enfant, qui ressemble à Robert d'Estouteville. La ballade fut donc écrite probablement dans cette année 1452, où un autre poète chantait aussi Ambroise de Loré.

Nous ne savons pas quelles furent les occupations sérieuses de François Villon quand il quitta l'Université, au début de l'année 1453. Il demeurait toujours au cloître Saint-Benoît. Peut-être qu'il obtint, par l'entremise du chapelain, l'autorisation de tenir une petite école. C'est vers ce temps qu'il dut avoir pour élèves les trois « pauvres orphelins » : Colin Laurens, Girard Gossouin et Jean Marceau. On peut juger de ce qu'il leur enseignait par la liste des livres que la reine Marie d'Anjou fit acheter pour le dauphin Louis XI, quand il avait environ l'âge de onze ans. Ces livres de classe étaient « le Donat », traité de grammaire du IVe siècle d'Ælius Donatus ; « ung sept pseaumes, » c'est-à-dire les psaumes de la pénitence, qu'on faisait apprendre aux enfants avant les *Heures ;* « ung accidens, » sans doute une grammaire traitant des déclinaisons et conjugaisons ; « ung Caton » ou les Distiques moraux de Dionysius Cato ; enfin « ung doctrinal », le *Doctrinale puerorum* d'Alexandre de Villedieu. Un peu plus tard, on passait à la *Logique* d'Okam. Villon paraît avoir bien connu le Donat, et c'était pour l'avoir appris à ces trois petits enfants pendant les années 1453 et 1454. D'ailleurs on peut penser qu'il continuait de fréquenter à l'hôtel d'Ambroise de Loré, en même temps qu'il nouait de plus étroites relations avec les mauvais compagnons qui l'entraînèrent dans les aventures. Ce doit être pour une intrigue amoureuse qu'il eut la triste querelle du 5 juin 1455. Ce jour-là, il prenait le frais, après souper, assis sur une pierre, sous le cadran de l'horloge de Saint-Benoît-le-Bétourné, dans la rue Saint-Jacques. Il causait avec un prêtre, du nom de Gilles, et une demoiselle nommée Isabeau. La soirée d'été s'avançait ; il était neuf heures. François Villon avait jeté, de crainte du froid, un petit manteau sur ses épaules. Comme ils devisaient, survint un prêtre, Philippe Sermoise, accompagné d'un étudiant de Tréguier, maître Jehan le Mardi. Philippe semblait excité. A peine aperçut-il Villon qu'il cria : « Je renie Dieu ! maître François, je vous ai trouvé ! » Sur quoi Villon se leva doucement et lui offrit de s'asseoir auprès de lui. Mais Philippe refusa, avec de mauvaises paroles. Et Villon lui dit avec étonnement : « Beau sire, de quoi vous courroucez-vous ? » Le ton vexa sans doute Philippe, non moins que la calme insolence des paroles. Il repoussa durement Villon et le fit rasseoir. Les assistants, voyant qu'une rixe se préparait, s'esquivèrent prudemment, tandis que Philippe, tirant une grande dague, en frappait Villon à la lèvre supérieure. Villon, la lèvre fendue, la bouche pleine de sang, sortit sa dague de sa ceinture, sous son petit manteau, et blessa Philippe à l'aine; mais Jehan le Mardi, qui était revenu, lui arracha la dague, qu'il tenait de la main gauche. Alors Villon ramassa une pierre et la lança au visage de Philippe, qui tomba aussitôt. A peine Villon eut-il vu le prêtre à terre qu'il s'enfuit chez un barbier pour se faire panser. Le barbier, devant faire un rapport, lui demanda son nom et celui de l'homme qui l'avait blessé. Et Villon lui donna le nom de Sermoise « afin que le lendemain il fût atteint et constitué prisonnier »; mais lui-même déclara se nommer Michel Mouton. Il est impossible de ne pas remarquer dans cette scène, racontée par deux lettres de rémission qui furent rédigées sur les propres notes de François Villon, quelques traits qui caractérisent l'homme. On ne peut douter qu'il savait avoir irrité Philippe Sermoise. Pourtant il se lève à son arrivée, et l'invite à s'asseoir au frais; lui donne du « beau sire », fait l'étonné; et, quand il se défend, frappe au bas-ventre et de la main gauche. Il y a quelque traîtrise dans le coup de pierre de la fin. Et, après avoir blessé grièvement son adversaire, il se hâte de le dénoncer pour le faire arrêter. Quant à lui, il craint les démêlés avec la justice. Il trouve sur-le-champ ce nom de « Michel Mouton », comme s'il l'eût préparé dès longtemps pour de semblables aventures. C'était la première affaire grave où il était compromis; mais son attitude restera la même, dans les circonstances pareilles, jusqu'en 1463. Il aura la même crainte d'être poursuivi, essaiera, comme ici, de dissimuler, aimera mieux préparer les affaires et en profiter que les mettre à exécution; et, dans la rixe de 1463, il ira jusqu'à pousser ses compagnons dans une bagarre, pour certaines raisons qu'il a, en se gardant de s'y mêler, et en prenant la fuite aux premiers coups de dague. Le mensonge reste un des traits les mieux fixés de son caractère, et on verra, au cours du séjour qu'il fit à Blois, que Charles d'Orléans semble l'avoir noté.

Cependant on porta d'abord Philippe Sermoise aux prisons du cloître Saint-Benoît, où il fut interrogé par un examinateur au Châtelet. Là il aurait déclaré qu'il pardonnait à son meurtrier « pour certaines causes qui à ce le mouvoient ». Mais c'est la lettre de rémission rédigée sur les indications de François Villon qui l'affirme. Puis on le transporta à l'Hôtel-Dieu, où il mourut le samedi suivant. Malgré les protections de maître Guillaume, et le prétendu pardon du prêtre, François Villon fut arrêté, mené au Châtelet et jugé par la prévôté. Le meurtre d'un prêtre était chose fort grave, et on n'admettait guère l'escrime de la dague dans la ligne basse. Villon fut condamné à être pendu. On n'a aucun détail sur son procès. Mais il crut être en grand danger de supplice. Suivant la coutume, les meurtriers devaient être traînés avant d'être pendus. Il y a des obscurités dans cette question du procès de Villon. On ne s'explique pas comment il ne se réclama pas de sa qualité de clerc pour se soumettre à la juridiction de l'évêque de Paris. La justice ecclésiastique était en général plus douce, et la plus grave condamnation y était la prison perpétuelle au pain et à l'eau. Aussi les malfaiteurs se faisaient faire de fausses tonsures et s'apprenaient la cérémonie d'initiation, la récitation des psaumes, et les deux soufflets de l'évêque. Mais les juges laïques exigeaient, pour accorder le privilège de clergie, une lettre de tonsure ou la déposition des témoins de la cérémonie. D'ailleurs, l'évêque se montrait jaloux de ses prérogatives : on dut condamner, en 1390, un greffier qui dressait pour les tribunaux ecclésiastiques la liste des prisonniers du Châtelet qui se disaient clercs. Il faut supposer que Villon usa de ce moyen. Mais il était facile de démontrer qu'il fréquentait des femmes, sans doute cette Isabeau qui était près de lui le soir du meurtre. Alors le clerc était dit *bigame*, ayant épousé une femme en dehors de l'Église, et il retombait sous la juridiction laïque. Le prévôt le condamnait à avoir la tête entièrement rasée, « être rez tous jus, » afin de faire disparaître la tonsure. Puis on procédait contre lui, comme de coutume. Villon dut être « rez tout jus », puisqu'il écrit de lui-même, dans le *Grand Testament*, et à propos de son appel :

>   Il fut rez, chief, barbe et sourcil,
>   Comme ung navet qu'on ret ou pelle.

La prévôté, l'ayant ainsi condamné à être

rasé, le traita en pur homme lay. On le mit à la question du petit et du grand tréteau, et on lui fit boire de l'eau à travers des linges. Alors Villon eut l'idée d'en appeler au Parlement. Il fut transporté, ainsi qu'on faisait d'ordinaire pour les appelants, dans les prisons de la Conciergerie du Palais. En tout cela, on peut supposer que Robert d'Estouteville montra quelque indulgence pour un poète ami de sa femme. Il n'opposa pas de difficultés à l'appel de Villon, bien que le prévôt se souciât peu des demandes de ce genre. Elles réussissaient rarement. Étienne Garnier, qui était geôlier à cette Conciergerie, regarda le nouveau prisonnier avec quelque scepticisme. Il ne pensait pas que le Parlement dût juger que Villon « avait bien appelé ». Nous ignorons comment cet appel fut plaidé, car les registres du Parlement ne le mentionnent pas. Mais on le prit en considération, et la peine de Villon fut transformée en bannissement. Il devait vider Paris sur l'heure. Là, Villon se retrouva poète. Il remercia le Parlement par une ballade où ses cinq sens étaient chargés de rendre grâces pour la vie qu'on leur avait donnée. Dans l'envoi, il demandait trois jours pour se pourvoir, dire adieu aux siens et les prier de lui donner un peu d'argent. Pour Étienne Garnier, il le raille :

> Que vous semble de mon appel,
> Garnier ? feis-je sens ou folie ?
>
> . . . .
>
> Cuidiez-vous que soubz mon cappel
> Y eust tant de philosophie,
> Comme de dire : « J'en appel ? »
> S'y avoit, je vous certiffie,
> Combien que point trop ne m'y fie.
> Quand on me dit, present notaire :
> « Pendu serez ! » je vous affie,
> Estoit-il lors temps de me taire ?

C'est grâce à cette pièce que l'on peut fixer la date de la condamnation de Villon. Étienne Garnier était geôlier de la Conciergerie en 1453. Mais, le 10 février 1456, il était remplacé par Jean Papin, qui garda ces fonctions jusqu'en 1470. Dans un des bons manuscrits du *Grand Testament* (celui qui appartint au président Fauchet), la *Ballade de l'Appel* avait pour titre : *la Question que fit Villon au clerc du guichet*. Garnier, à qui s'adressa Villon, est donc bien Étienne Garnier. Seulement il faut que la condamnation de Villon

soit antérieure à février 1456. Comme il était
à l'Université en 1452, et que son seul crime,
suivant les lettres de rémission de janvier 1455,
était le meurtre de Philippe Sermoise, on est
amené à conclure qu'il fut condamné à être
pendu et banni pour cette affaire de juin 1455.
D'ailleurs la seconde lettre de rémission mentionne le bannissement. L'histoire ainsi rétablie fait voir la célèbre *Ballade des Pendus*
sous un jour différent. Le titre disait que Villon la fit pour lui et ses compagnons, s'attendant à être pendu avec eux. Parlant du haut
du gibet de Montfaucon, Villon criait :

Vous nous voiez cy atachez cinq, six.

Comme Villon commit plus tard des crimes
d'association, il était facile d'imaginer qu'il
parlait au nom de plusieurs condamnés. Mais
cette ballade fut composée après la rixe de
juin 1455, où Villon n'avait pas de complices.
Les compagnons dont il parle ne sont que
des voisins de potence. L'effort littéraire est
plus grand, et la vue de l'imagination plus
forte. Villon se plaint au gibet avec les camarades que le hasard a accrochés près de lui,

pour des crimes bien différents. Et cependant il se sent lié à eux par une sorte de solidarité. Il semble qu'il n'ait commis qu'un acte de violence, et déjà il a éprouvé la fraternité du crime.

Vers la fin du mois de juin 1455, Villon quitta donc Paris, banni par la justice. Il y laissait le bon gîte de Saint-Benoît, les relations de maître Guillaume de Villon, Ambroise de Loré et les causeries à l'hôtel de la rue de Jouy. Il entrait dans une vie de vagabond, presque sans argent, ne sachant d'autre métier que celui de clerc. Rien ne devait lui servir parmi tout ce qui avait fait jusque-là l'existence qu'il pouvait reconnaître. Mais il avait d'autres amis; et si Casin Cholet et Jehan le Loup n'avaient que la courte expérience de l'enceinte immédiate de Paris, Regnier de Montigny et Colin de Cayeux pouvaient indiquer à François Villon des moyens de vivre et des relations rapides sur toutes les grand'-routes du royaume.

II

Les gens du moyen âge ont beaucoup vagabondé. Un grand nombre de clercs allaient de ville en ville; ce leur était une manière de vivre après qu'ils en eurent fait un prétexte à s'instruire. Certains écoliers traversaient les frontières, passaient en Espagne, en Italie, en Flandre, en Allemagne. Ils discutaient solennellement avec les docteurs étrangers et les défiaient à des joutes de connaissances. Ainsi ce singulier étudiant espagnol, Fernand de Cordoue, qui vint à Paris vers le milieu du xve siècle, étonna les docteurs de Sorbonne par son érudition dans les langues anciennes, l'hébreu, les langues vivantes et sa subtilité dans les sciences, puis disparut et passa en Allemagne. On crut qu'il avait fait un pacte avec le démon et qu'il usait de magie. Mais la plupart du temps les clercs vagabonds et mendiants étaient moins instruits. Dès le xie siècle, ils se mirent à fréquenter les grand'routes de France et d'Allemagne. Ceux qui allaient d'abbaye en abbaye transportaient des rouleaux de parchemins où les moines inscrivaient le nom du dernier mort de leur confrérie, avec des pensées pieuses. Les clercs vagabonds qui avaient reçu l'hospitalité d'un couvent étaient chargés d'annoncer ainsi la mort d'un frère en religion aux moines des couvents du même ordre. Ils payaient de ce prix l'hospitalité qu'on leur donnait. C'étaient de sinistres messagers qui arrivaient dans les abbayes, à la nuit tombante, avec le rouleau des morts. On ajoutait des noms à la liste, et ils promettaient de prier pour les âmes pendant leur route. Quelques-uns de ces rouleaux des morts ont plus de vingt mètres de long, tant les clercs y avaient fait inscrire de décès, tant ils avaient été hébergés dans les couvents de tous les pays. On donna à ces vagabonds le nom de *goliards*, qui fut très rapidement pris dans un mauvais sens. Déjà, au XIe siècle et au XIIe, les goliards d'Allemagne composaient des chansons en latin et en allemand. Un manuscrit les a conservés sous le nom de *Carmina Burana*. Ce sont souvent de véritables chansons de route, où les vagabonds se réjouissent du printemps, des prairies vertes pleines de fleurs, et des auberges où on leur donne du vin à boire. D'autres sont extrêmement licencieuses et justifient pleinement le mépris où tomba le nom de goliard. Au xve siècle, la goliardise faisait perdre le privilège de clerc, comme la bigamie ou l'exercice de certains métiers. Entre 1450 et 1460, lorsque Regnier de Montigny et Colin de Cayeux se réclamèrent de la justice ecclésiastique, on leur opposa au Parlement qu'ils étaient pipeurs et goliards. Les écoliers errants répandirent partout leur mauvais renom. Dans une liste de proverbes qui fut ajoutée à une des plus anciennes éditions de Villon figure celui-ci : « Pire ne trouverez que escouliers. » Le *Liber vagatorum*, qui parut d'abord à Bâle entre 1494 et 1499, catalogue les goliards parmi les classes dangereuses. Ce *Liber vagatorum* n'est d'ailleurs que le développement d'une enquête sur les vagabonds que le conseil de Bâle fit faire au commencement du xve siècle et qui fut insérée dans les annales de Johannes Knebel en 1475. « La sixième classe, lit-on dans le *Liber vagatorum*, est celle des *Kammesierer*. Ce sont des mendiants ou jeunes écoliers, jeunes étudiants, qui ne suivent ni père, ni mère, n'obéissent plus à leurs maîtres, tombent en apostasie et fréquentent la mauvaise société. Ils sont fort instruits dans l'art du vagabondage, par lequel ils boivent, gaspillent, jouent, et perdent leur argent en débauches. Ils se font faire de fausses tonsures, quoiqu'ils n'aient souvent pas reçu les ordres et ne possèdent aucune lettre de confirmation. » La septième classe est celle des *Vagierer*, qui sont aussi des mendiants, et se disent écoliers voyageurs (*farnder Schuler*), maîtres de magie et conjurateurs du diable. On reconnaît là le *Fahrender scolasticus*, sous l'habit duquel Méphistophélès apparaît à Faust dans le drame de Gœthe. Les clercs vagabonds étaient souvent aussi ménétriers ou vielleurs, allaient jouer « par les festes de menestrerie et portoient les poupetes ». D'autres étaient « pardonneurs », comme ceux dont parle Chaucer en Angleterre ou « porteurs de bulles », comme ceux que cite Villon dans la Ballade de bonne doctrine.

Ils étaient faux pèlerins et montraient des lettres attestant qu'ils revenaient de Rome ou de Saint-Jacques de Compostelle, ou ils « contrefaisoient l'homme de guerre », portant vouges, cranequins et plançons crêtelés à la ceinture.

En effet, les routes étaient infestées d'hommes armés. La guerre de cent ans avait désorganisé la société. A la fin du xive siècle, certaines bandes, qui s'étaient formées avec les débris des grandes compagnies, continuèrent à tenir le pays, « échellant » les villes et les « appâtissant », vivant des provisions qu'ils obtenaient par force des habitants du plat pays, détroussant ou rançonnant les marchands. A l'ouest, la Normandie fut désolée par une bande de criminels qu'on appelait Faux-Visages, parce qu'ils portaient des masques. Ils arrêtaient les convois de marchands qui circulaient de nouveau dans un pays à peu près pacifié. A l'est, après la bataille de Saint-Jacques, les bandes des Écorcheurs se rompirent et vécurent sur le pays autour de Dijon et de Mâcon. Il y avait là de vieux routiers qui avaient fait campagne avec les capitaines espagnols, comme Rodrigue de Villandrando et Salazar, jusque sur les marches de Gascogne; des Écossais, des Lombards et des Bretons, qui gardaient la terrible tradition de chefs tels que Fortépice et Tempête. Ils errèrent entre Langres, Toul et Auxonne, et passèrent souvent en Alsace. Les villes étaient si pleines de terreur qu'elles refusaient même de recevoir les soldats réguliers qui devaient les protéger contre ces invasions. Les Écorcheurs avaient coutume de ravager en été les pays situés plus au sud, et d'attaquer les villes du Dijonnais pendant le froid, afin d'y hiverner. Ainsi, cette population errante des routes de France, faite de mendiants, de faux clercs, de pillards et de traîneurs d'armée, était prête à accueillir les gens qui fuyaient la justice; et on comprend aisément que ces éléments variés aient pu constituer une grand association criminelle qui tint le pays pendant plus de sept ans, de 1453 à 1461, dont faisaient partie presque tous les malfaiteurs de profession, et où François Villon allait entrer pendant sa vie vagabonde.

A sa sortie de Paris, Villon erra d'abord dans les environs. Il nous dit lui-même qu'il resta huit jours à Bourg-la-Reine, où Perrot Girard, barbier juré, le nourrit de cochons gras. L'abbesse de Pourras, c'est-à-dire du Port-Royal, comme l'a fort judicieusement reconnu M. Longnon, assista à ces franches repues. Les legs de Villon sont si satiriques, et la compagnie de l'abbesse de Port-Royal si étrange, qu'on est tenté d'imaginer que ces cochons gras furent pris la nuit dans le parc du bon Perrot Girard et mangés dans l'abbaye à grande réjouissance.

On ne sait pas vers quelle province François Villon se dirigea après avoir quitté Bourg-la-Reine. Mais précisément en juin 1455 on trouvait sur toutes les routes entre Lyon, Dijon, Auxonne, Toul, Mâcon, Salins et Langres, des malfaiteurs qui appartenaient à la compagnie de la Coquille. Il est hors de doute que Villon entra en relation avec ces compagnons coquillards. Deux ballades en jargon leur sont adressées. Regnier de Montigny faisait partie de l'association. Jouant sur le nom de Colin de Cayeux, François Villon écrit Colin l'Escailler, c'est-à-dire le Coquillart. C'est dans la ballade où il donne comme exemple tragique la mort de Regnier de Montigny et de Colin de Cayeux. Le jargon dans lequel sont écrites les six ballades de Villon est le même que le jargon des compagnons de la Coquille. Enfin, Jehan Rosay, Jehan le Sourd de Tours, Petit-Jehan, tous trois coquillards, furent à Paris ou à Poitiers compagnons de Regnier de Montigny et complices de François Villon dans le vol du collège de Navarre en 1456. Quand Villon quitta Paris, au mois de juin, il est probable que Regnier de Montigny l'avait préparé à rencontrer ses amis de la Coquille. Le poète dut gagner le Dijonnais; il parle dans ses poèmes de Dijon et de Salins. On peut bien croire qu'il n'aurait pas connu la petite ville de Salins s'il n'y avait passé. Les coquillards fréquentaient Salins; mais leur capitale était alors Dijon.

C'est vers 1453 qu'arriva dans la ville de Dijon cette compagnie de gens inconnus, oisifs et vagabonds. Ils firent bientôt connaissance avec un carrier du duc de Bourgogne, Regnault Daubourg, qui les conduisait dans la campagne. « Il étoit, dit un témoin, le père conduiseur des coquillards ès foires et marchés de Bourgogne, » comme Villon avait été à Paris « la mère nourricière de ceux qui n'avoient point d'argent ». A Dijon, ils passaient leur temps dans le bordel tenu par un sergent de la mairie, Jaquot de la Mer. On ne savait de quoi ils vivaient. Ils allaient et venaient dans la boutique d'un barbier, Perrenet le Fournier, où ils jouaient aux dés, aux tables et aux marelles, après s'être fait peigner et couper la barbe. Ils s'étaient liés aussi avec des filles communes de Dijon, et certains en avaient amené avec eux de Paris. Quand ils n'avaient plus d'argent, ils disparaissaient pendant quinze jours, un mois ou six semaines. Revenant à Dijon, ils étaient les uns à cheval, les autres à pied, « bien vestuz et habilliez, bien garnis d'or et d'argent et recommencent à mener avec aulcuns aultres qui les ont attenduz ou aultres qui sont venuz de nouvel leurs jeux et dissolucions accoustumez ». Souvent ils se disputaient, ivres, dans la boutique du barbier. Ils criaient : *Estoffe! ou je faugeray!* et se donnaient des noms extraordinaires qu'ils prononçaient à la manière des injures, tels que *beffleurs, vendengeurs, planteurs, bazisseurs, desbochilleurs, dessarqueurs, baladeurs, blancs coulons, esteveurs.* Puis, furieux, ils se battaient à coups de dague. Quelques-uns marchandaient chez les orfèvres des gobelets d'argent, et on ne savait pour quel usage. D'autres négociaient la vente de chevaux, sans oser sortir de l'hôtel de Jaquot de la Mer. Le prix qu'ils en demandaient était si bas que les acheteurs devinaient des chevaux volés. D'autres se promenaient au bras de Jaquot de la Mer, jour et nuit, riant, chantant, et ne faisant rien. Un cordelier apostat, nommé Johannes, achetait les provisions pour ses compagnons à l'hôtel de Jaquot ; et quand il donnait un écu au boucher, il escroquait subtilement le change, et reprenait trop de monnaie. Certains mettaient en gage de belles robes et de riches manteaux, des anneaux à pierre et des chaînes d'or. On s'apercevait bientôt que les chaînes étaient de cuivre doré, aussi bien que les anneaux, et les pierreries fausses. Enfin, sous prétexte de faire faire une targette à verrouiller, ils avaient porté un patron en bois chez un maréchal, qui reconnut aussitôt le modèle d'un crochet à ouvrir les serrures.

Cependant, la ville de Dijon ne paraissait plus sûre la nuit. Le maire fit faire des rondes, et lui-même en commanda. Une nuit Jaquot courut prévenir ses compagnons que le maire allait arriver. Ils étaient douze environ qui jouaient dans son hôtel. Les chandelles furent soufflées; ils sortirent doucement, gagnèrent le quarroy de la rue des Petits-Champs et la boutique de Perrenet le Fournier, où ils se couchèrent, immobiles, dans l'obscurité, l'un çà, l'autre là, jusqu'à ce que le maire fût passé. Pourtant, le maire avait été informé, ainsi que Jehan Rabustel, procureur syndic de la vicomté mairie de Dijon, et on avait fait des dénonciations précises. Le 1er octobre 1455, Jehan Rabustel interrogea Regnault Daubourg, déjà détenu dans les prisons de Dijon. Les réponses lui parurent si graves que deux jours après il commença une information régulière contre les compagnons de la Coquille. Il fit venir d'abord Perrenet le

Fournier, qui semblait connaître les noms de tous les malfaiteurs, leurs habitudes et leurs projets. Ce barbier, qui avait reçu et caché les coquillards pendant deux ans, faisait probablement partie de la bande. Il laissait jouer chez lui à des jeux de fraude et vendait aux compagnons des « dés d'advantaige et de forte cire », c'est-à-dire des dés pipés. Il recélait et recevait en gage des vêtements et des faux bijoux. Enfin, il savait les noms de la plupart des associés et il parlait leur jargon avec une science rare. Perrenet le Fournier s'excusa d'abord sur ce qu'ayant appris dans sa jeunesse quelques mots de « jargon ancien », et joué aux dés, aux cartes et aux marelles, la vie des coquillards l'avait intéressé. Puis il révéla les noms des principaux compagnons et l'organisation de la bande; enfin, il dicta un vocabulaire de leur langage. Il tenait tous les détails, disait-il, d'un coquillard du nom de Jehanin Cornet, d'Arras.

Ainsi que l'association criminelle qui porte aujourd'hui en Italie le nom de *Camorra*, la société de la Coquille était disposée comme une corporation, et elle avait ses apprentis, ses maîtres et son chef. Le nombre des affiliés, suivant Perrenet, était de mille, et, d'après des documents de 1459, de cinq cents seulement. Ils avaient un roi qui se nommait le Roi de la Coquille. Ceux qui entraient dans la bande comme apprentis s'appelaient *gascâtres*. Une fois instruits, ils devenaient *maîtres*; et quand ils étaient « bien subtils en toutes les sciences, ou aucune d'icelles », on les nommait *longs*. Car les coquillards avaient différentes professions. Les *vendengeurs* coupaient les bourses; les *beffleurs* escroquaient aux dés (*gourds*), aux cartes (*la taquinade*), aux marelles (*Saint-Marry* ou *Saint-Joyeux*), au jeu de la courroie (*queue de chien*). Les *envoyeurs* et les *bazisseurs* assassinaient. Les *desrocheurs* dépouillaient entièrement l'homme qu'ils volaient, et les *desbochilleurs* ne laissaient rien aux niais qui se laissaient entraîner à jouer avec eux. Quand il s'agissait de vendre de faux bijoux ou des lingots fraudés, chacun avait son rôle particulier. Le *dessarqueur* allait examiner l'endroit et causer avec la dupe pour préparer l'affaire. Le *baladeur* venait parler à l'homme d'église ou au paysan qu'on voulait tromper, et engager la négociation. Le *confermeur de la balade* était chargé d'affirmer l'honnêteté de la vente et l'intégrité de la marchandise. Enfin, c'était le *planteur* qui apportait les fausses chaînes, les pierres contrefaites ou les lingots. On appelait les bijoux falsifiés des *plants*. Les *blancs coulons* ou pigeons blancs allaient coucher dans les hôtelleries avec les marchands de passage. Ils les volaient, se volaient eux-mêmes et jetaient le butin par la fenêtre aux *fourbes* qui l'attendaient. Puis ils se lamentaient et se plaignaient avec le marchand dérobé.

Pour le jargon des coquillards, il est de tous points semblable à celui des ballades de François Villon. Ils appelaient la justice *marine* ou *roue*. Tromper la justice, c'était *blanchir la marine*. L'homme qu'on décevait était *blanc, sire, dupe* ou *cornier*. Ils nommaient les sergents *gaffres* et les prêtres *ras* ; le crochet à ouvrir les coffres était le *roi David*. Une bourse, c'était une *feullouze*, et de l'argent de l'*aubert* ou du *caire* ; le pain, *arton*, et le feu Saint-Antoine *rufle*. Ils avaient donné au jour le nom de *torture ;* et inversement la torture, c'était le *jour.* L'un des témoins dit qu'on ne pourra rien obtenir des accusés « senon à grand'force du jour ». *Estoffe* était la part du butin. Quand ils se criaient : *Estoffe ! ou je faugeray !* cela signifiait : « Ma part, ou je dénoncerai ! » Une robe se nommait *jarte ;* un cheval *galier ;* l'*ance* était l'oreille, les *quilles* les jambes, et la *serre* la main. S'ils étaient poursuivis par le guet, en faisant un crochet pour s'échapper, ils disaient qu'ils *baillaient la cantonade.* Un homme résolu à battre ceux qui voudraient l'arrêter était *ferme à la louche* (1) (ferme à la main). Celui qui refusait de confesser ses crimes quand on le mettait à la question était *ferme en la mauhe* (2) (ferme en la bouche).

Parmi les noms que dicta Perrenet le Fournier, on reconnaît des Picards, des Gascons, des Provençaux, des Normands, des Savoyards, des Bretons, des Espagnols et des Écossais, sans compter les Bourguignons,

(1) Dans le petit livre de jargon, de Pechon de Ruby (1596) *louche* (cuiller) signifie main.
(2) *Mauhe* (mohe, mowe, moe, moue), bouche, dans la langue vulgaire du xve siècle.

qui sont en nombre supérieur. Ainsi on peut voir que la société de la Coquille fut formée des débris de bandes d'écorcheurs revenus de la bataille de Saint-Jacques et qui vivaient sur le pays depuis 1445.

La bande avait ses recéleurs et ses fabricants de faux bijoux et de faux lingots à Paris, bien qu'elle comptât plusieurs ouvriers orfèvres comme Denisot Leclerc et Christophe Turgis. L'un deux était Jaquet Legrant, âgé de cinquante-six ans, emprisonné cinq fois depuis 1448 pour dorer des anneaux de cuivre. Ce Jaquet Legrant avait deux filles de seize ou dix-sept ans, ce qui rendit la justice indulgente. On trouva dans sa boutique un anneau de cuivre doré avec une pierre vermeille, un grand nombre de « signets et verges » en cuivre doré, et une chaîne de laiton qu'il se préparait à dorer en même temps qu'un écu d'argent. Regnier de Montigny connaissait fort la boutique de Jaquet Legrant, où il devait aller souvent pour ses compagnons de la Coquille. Une nuit, avec Nicolas de Launay, il vola dans l'église de Saint-Jean en Grève un calice d'argent. Ils le mirent en pièces et apportèrent le tout à Jaquet Legrant. Il y avait là 2 marcs 6 « esterlins » d'argent que Jaquet leur prit à raison de 8 francs le marc. D'ailleurs l'orfèvre avoua qu'il avait déjà acheté à Regnier de Montigny 4 onces d'argent cassé, fondu, et qui provenait d'une burette. On peut supposer que les coquillards apportèrent souvent à Jaquet Legrand de l'argenterie fondue, en échange de laquelle il leur donnait les faux anneaux à pierres contrefaites, et les chaînes de cuivre doré, que les « planteurs » allaient vendre par les villes et les campagnes.

Une compagnie comme celle des coquillards ne pouvait se développer et se suffire que sur les grands chemins. Aussi passaient-ils de province en province; ils volaient des chevaux à Salins et les ramenaient à Dijon; Regnault Daubourg allait de Genève à Besançon avec des tissus volés et trois livres de safran, passait à Mâcon où il rencontrait un autre coquillard, Philippot de Marigny, auquel il donnait rendez-vous à Dijon. Puis avec Dimanche le Loup, dit Bar-sur-Aube, le cordelier Johannes et Jehanin Cornet, d'Arras, ils préparaient un voyage en Lorraine pour « aller à l'estève », « faire un coup de roi, » et on les arrêtait à Toul. Là, Regnault Daubourg se réclama de sa qualité de « pierrier » du duc de Bourgogne ; Johannes et Bar-sur-Aube s'échappèrent ; et Jehanin Cornet contrefit l'homme de guerre. Pour des bandes ainsi organisées la grand'route était la liberté, puisqu'il n'y avait ni surveillance, ni gendarmerie. Le danger n'était que dans les villes où la police avait quelques rigueurs. La bande de la Coquille comptait à peu près toutes les professions de malfaiteurs qui se sont perpétuées jusqu'à notre société ; mais elles ont sans exception cette nuance particulière qu'elles s'exerçaient sur les routes et non dans les cités. Les coquillards quittaient Dijon pour se fournir d'argent : ils y revenaient pressurer les fillettes du bordel, mener joyeuse vie, jouer aux marelles et aux dés. Voilà pourquoi leur établissement à demeure dans la ville de Dijon causa la perte de leur association. Dénoncés par un informateur, Regnault Daubourg arrêté, Perrenet le Fournier ayant livré tous les secrets, les coquillards furent très rapidement traqués. Avant le 7 novembre 1455, le maire fit prendre Bar-sur-Aube, l'un des chefs de la bande, qui était couché avec Philippot de Marigny à l'hôtel du Veau, dans la rue Saint-Nicolas. Comme les sergents saisissaient Philippot, il fouilla dans son sein et en tira des objets qu'il cacha dans la paille au chevet du lit. C'étaient des crochets de l'espèce que les coquillards appelaient « roi David et roi Davyot ». Malgré la torture Bar-sur-Aube ne voulut rien avouer. Finalement, on le confronta avec Perrenet le Fournier, et il reconnut presque toutes les charges qu'on avait assemblées contre lui. Le 18 décembre 1455 (1), trois coquillards furent bouillis vivants dans une chaudière sur la place du Morimont, à Dijon, comme faux-monnayeurs, et six autres traînés et pendus aux fourches de la ville. Parmi ces derniers était Jaquot de la Mer. Le procureur, Jehan Rabustel, ne se contenta pas de cette exécution. Il nota de sa main les noms de plus de soixante-dix affiliés de la Coquille et les signala

---

(1) Date donnée par M. Joseph Garnier, archiviste de la Côte-d'Or; mais il est impossible de retrouver les documents d'où elle a été tirée.

aux justices des villes de France. Ainsi Christophe Turgis fut emprisonné à Sens et interrogé par commission rogatoire de Dijon. Plus tard, à mesure que Jehan Rabustel reçut la nouvelle de l'exécution des criminels qu'il avait dénoncés, il inscrivit en face de leurs noms leur mort et le genre du supplice : *bouilli, pendu, jeté en un puits*, etc., suivant la coutume du royaume ou des provinces. Il y en eut de suppliciés à Lyon, à Grenoble, à Amiens, à Avignon. Près du nom de Regnier de Montigny figure la mention : *mort et pendu*. Pourtant la procédure de 1455 ne paraît pas avoir détruit la société de la Coquille. Certains malfaiteurs, Tassin et Andet de Durax, ne furent pris et exécutés à Dijon même que dans les années 1456 et 1457. En juillet 1458, Jehan Rabustel demanda au maire de Dijon un édit sévère contre plusieurs « compaignons incognuz qui sont oyseulx, lesquels ne font que aler et venir parmi cestedite ville par nuyt et par jour; et ne savent les aucuns que de jouer les ungs aux dez, les autres à la paume et à plusieurs aultres jeux et les aultres que de ruffianaige ».

Ces vagabonds se retiraient aussi dans l'ancien bordel de Jaquot de la Mer. Ils avaient les mêmes mœurs que les coquillards, et sans doute cette nouvelle compagnie de 1458 n'était qu'une autre partie de la bande. En effet, un document (1) conservé aux archives de Dijon montre que les coquillards circulaient encore librement dans la ville et les environs en juillet 1459. On disait que les clercs chantant au chœur de la Sainte-Chapelle du duc de Bourgogne étaient affiliés à la Coquille. Ils menaient une vie dissolue et se mêlaient aux compagnons inconnus qui troublaient Dijon la nuit. Le 25 juillet 1459, une douzaine de ces clercs de la Sainte-Chapelle, étant en gaîté, sortirent à dix heures du soir, affublés de draps blancs, de « couvrechiefz et autres desguisemens », prirent dans une taverne un gros fagot de branches sèches qu'ils traînèrent par la ville en criant et chantant. Près de la porte Saint-Pierre, ils virent l'huis de l'hôtel d'un boulanger encore ouvert. Il y avait une chan-

---

(1) Cette pièce m'a été signalée par M. Bernard Prost, et elle a été copiée par M. George Dottin, maître de conférences à la Faculté des lettres de Dijon.

delle allumée dans l'ouvroir, et le valet tirait de l'eau à un puits dans la rue. Les clercs crièrent au valet d'aller se coucher et lui jetèrent une grosse pierre qui frappa contre l'ouvroir et fit un tel bruit que le boulanger se leva et sortit de son hôtel. Les clercs lui souhaitèrent « le maul soir ». Sur quoi le boulanger alla quérir un huissier d'armes du duc de Bourgogne, échevin de Dijon, Ogier Nauldin, qui mit sa robe et vint faire remontrance aux clercs de la chapelle. Ceux-ci lui répondirent que s'il « ne se aloit coucher, ils lui bouteroient le doigt en l'œil ». Ogier Nauldin, jugeant que les clercs étaient rebelles, rentra dans son hôtel et y prit un « bâton d'armes ». Puis il s'avança vers eux et demanda qui l'avait menacé. Ils lui crièrent qu'on allait lui faire « le droit du jeu », lui ôter son « bâton », et le lui faire manger par la pointe. Comme deux des clercs l'attaquaient, l'huissier d'armes se débattit et essaya de les saisir; mais il ne put en approcher et ils s'enfuirent dans la nuit. Peu de jours après, Ogier Nauldin fut cité à comparaître devant le doyen de Mâcon, accusé

d'avoir violé les privilèges des clercs de la
Sainte-Chapelle. On a les éléments de sa défense dans le mémoire qu'il fit établir ; mais,
sans doute, le chapitre de la Sainte-Chapelle
eut gain de cause. Toutefois, Ogier Nauldin
prouva que les clercs du chœur étaient affiliés
aux coquillards, et que, malgré l'exécution de
1455, la bande troublait encore la ville. « *Item*
est vray que depuis environ quatre ans se
sont mis sus une grant compaignie de gens
estrangiers qui se nomment en leur jargon
les Enfans de la Coquille, lesquels sont par
ce royalme ou nombre de cinq cens ou plus,
qui vont de bonne ville à aultre et commettent plusieurs larcins et sacrilèges, ainsi
qu'il est assez notoire. Pour obvier aux malices desquels et à fin d'empescher leurs damnables entreprises, le Mayeur et ses eschevins ont establi et mis sus de faire guet chacun soir de nuyt parmi les quarrefours de la
ville et par tout icelle assez tost après la dite
heure de huit heures sonnées et meismement
tantost qu'il est nuyt. » Ainsi la compagnie
de la Coquille existait encore en 1459. François Villon ne l'ignorait pas, car il entretint

des relations avec les deux bons coquillards Regnier de Montigny et Colin de Cayeux jusqu'en 1460 au moins, et prit part avec eux à l'affaire de Montpipeau, qui fit pendre Colin et emprisonner Villon à Meung-sur-Loire. Ce n'est qu'après le mois de juillet 1461 qu'il proposa ses amis en exemple aux enfants perdus. Peut-être qu'il eut alors quelque regret d'avoir si longtemps vécu dans la Coquille.

Ces informations criminelles donnent une idée assez juste du genre de vie que mena Villon depuis le mois de juin 1455 jusqu'au mois de janvier 1456. Cependant ses protecteurs, à Paris, s'occupaient de lui. Maître Guillaume de Villon et ses amis les procureurs du Châtelet, Ambroise de Loré, peut-être le prévôt Robert d'Estouteville intercédèrent et payèrent à la chancellerie royale pour avoir des lettres de rémission. Avec sa prudence habituelle, François Villon fit présenter deux requêtes, sous deux noms différents, à Paris et à Saint-Pourçain. La chancellerie délivra, au mois de janvier 1456, deux lettres de rémission pour le meurtre du prêtre Philippe Sermoise, aux noms de François des Loges, dit de Villon, et de François de Montcorbier. La seconde relevait Villon de la peine de bannissement prononcée contre lui par le parlement et le poète put regagner Paris. Il ne semble pas qu'il ait changé de conduite pendant cette année. Le vagabondage et la vie des coquillards avaient laissé en lui une forte impression. On peut penser qu'il fréquenta beaucoup avec ses mauvais amis le Trou Perrette, qui était une maison de jeu de paume ou un tripot, dans la rue aux Fèves, en face de la Pomme de Pin. Il avait besoin de beaucoup d'argent. Les gains faciles de la Coquille lui avaient donné l'habitude de la dépense, et il s'était épris de Catherine de Vaucelles, qui était insatiable. Il semble bien que cette Catherine est la même que Rose, à qui Villon lègue une bourse de soie pleine d'écus, « combien qu'elle ait assez monnoye ». Mais il est difficile de rien affirmer à cet égard. Il eut avec elle une triste aventure, où il fut battu « comme la toile au ruisseau », et on le railla publiquement, puisqu'on l'appelait partout « l'amant remis et renyé ». Cependant, à Noël 1456, lorsqu'il se plaint de sa maîtresse, dont il a pris « en sa faveur les doux regards et beaux semblants », mais qui lui a été « félonne et dure », il est peu probable qu'il dise la vérité. Il invoque avec douleur celle qui veut sa mort ; il déclare qu'il va la fuir, n'ayant plus la force de supporter ses feintes, et qu'il part pour Angers afin de se séparer d'elle. Son voyage à Angers avait, comme on va le voir, d'autres raisons ; si bien qu'on est tenté d'admettre que la cruelle amoureuse n'exista guère qu'à la façon de la Dame d'amour dont se plaignaient si assidûment les poètes de ce temps. Villon dessina cette figure avec des traits plus réalistes, comme il convenait à son talent ; mais il tint sans doute à employer un procédé poétique dont s'étaient servis tous ses prédécesseurs, dans cette satire du *Petit Testament* où il essayait de railler la manière d'Alain Chartier.

Au mois de décembre 1456, Villon errait à travers la cité avec Colin de Cayeux. Ils passaient de la taverne de la Chaire au Petit-Pont, à l'hôtellerie de la Mule, en face de l'église des Mathurins. Ils soupaient au Trou de la Pomme de Pin, « le dos aux rais, au feu la plante, » car le Noël est « morte saison, où les loups se vivent de vent », où les gens se tiennent cois, enfermés et tisonnent l'âtre. On voyait avec eux maître Guy Tabarie, clerc, qui avait copié le roman du *Pet-au-Diable*, Petit Jehan, un bon crocheteur, aussi « maître de l'épée », Petit Thibaud, qui savait forger des « rois David », et un religieux picard, dom Nicolas. Une après-midi, Guy Tabarie rencontra Villon avec Colin, et Villon lui dit d'acheter des provisions pour dîner, à la taverne de la Mule. Là ils se retrouvèrent tous les six et dînèrent jusque vers neuf heures du soir. Après le dîner, François Villon, Colin de Cayeux et dom Nicolas adjurèrent Guy Tabarie de ne rien dire de ce qu'il allait voir ou entendre, ce qu'il promit. Puis ils passèrent tous dans la maison de maître Robert de Saint-Simon, en escaladant un petit mur bas ; où ils se dépouillèrent de leurs *gippons*, c'est-à-dire de leurs tuniques à manches. Guy Tabarie resta pour garder les vêtements et faire le guet. Les autres emportèrent un râtelier de la maison de maître Robert, à l'aide duquel ils franchirent le grand mur de la cour du collège de Navarre. Il était dix heures quand ils disparurent sur la crête de la muraille. Guy Tabarie les attendit jusqu'à minuit. Ils revinrent, portant un sac de grosse toile et lui dirent qu'ils avaient « gagné » 100 écus d'or, dont ils lui donnèrent 10 aussitôt afin d'être sûrs de son silence. Après quoi ils le mirent à l'écart et firent le partage entre eux ; d'où Tabarie se douta qu'il y avait plus de 100 écus. Enfin, ils le rappelèrent et lui dirent qu'il y avait encore « 2 écus de bon » dont ils pourraient bien tous dîner le lendemain, — car Guy Tabarie, qui copiait les manuscrits, était aussi l'intendant de bouche de la petite bande. Le jour suivant, ils avouèrent à Tabarie que chacun d'eux avait eu pour sa part 100 écus d'or. Pour François Villon, il annonça presque aussitôt à ses complices qu'il partait pour Angers. Il y avait, disait-il, un oncle religieux dans une abbaye. Là il voulait se renseigner sur « l'estat » d'un autre vieux moine qui devait avoir 500 ou 600 écus.

Après avoir étudié l'affaire, il reviendrait en parler à ses compagnons, et ils iraient tous à Angers pour « desbourser » le moine. Ce mot « desbourser », dont se servait Villon, est l'un de ceux qui figurent dans ses ballades en jargon. De sorte que la petite bande parisienne « devoit quelque jour apprester toute son artillerie pour destrousser quelque homme et ils n'attendoient autre chose qu'ils peussent trouver quelque bon *plant* pour frapper dessus ».

Il paraît bien que le départ de Villon pour Angers n'était pas une fuite pour l'amour de Rose ou de Catherine de Vaucelles. Ce sont là de belles raisons littéraires qu'il donna dans le *Petit Testament*. Il ne dit pas plus vrai, quand il parle de ses vieux habits, ses pauvres châssis tissus d'araignées, son encre gelée, faute de feu, par la bise de décembre, ou quand il cherche à nous attendrir :

> Fait au temps de la dicte date
> Par le bien renommé Villon,
> Qui ne mengue figue ni date.
> Sec et noir comme escouvillon,
> Il n'a tente ne pavillon

> Qu'il n'ait laissé à ses amis
> Et n'a mais qu'un peu de billon
> Qui sera tantost à fin mis.

Car il avait eu 100 écus d'or du petit sac de grosse toile volé au collège de Navarre ; 100 écus d'or étaient une somme importante en 1456 et qui aurait suffi à lui assurer une vie aisée pendant deux ou trois ans. Il voulut peut-être les mettre en sûreté, ou il craignit les poursuites et laissa ses compagnons se tirer d'affaire, ou il essaya véritablement de préparer un nouveau vol à Angers. En effet, le 16 décembre 1456, un nommé Chevalier appela au parlement du juge d'Angers, sous prétexte qu'il avait été injustement emprisonné. A quoi le juge d'Angers fit répondre « que, à Angiers, ont esté faiz puis naguères plusieurs larrecins, pilleries et roberies... et fut sceu que avoient esté fais par Jehan Doubte et Jehan Chevalier qui sont compaignons vagabondes ; et aprez information sur ce faitte, furent pris Doubte et Chevalier se mit en franchise. Dit que les appelans estoient cause de tous lesdicts larrecins et pilleries et recevoient en leur hostel lesdicts larrecins et les robeurs et toutes gens de mauvais gouvernement ». Il serait peu étonnant que cette bande, qui volait à Angers entre août et décembre 1456, se fût composée de coquillards et que Villon eût été tenté de préparer des affaires pour eux, puisqu'il en connaissait de bonnes dans le pays.

Il est certain que François Villon partit pour Angers à la fin de l'année 1456. Avant de quitter Paris, il avait laissé à ses amis un poème satirique, auquel il donnait le titre de *Lays*, où il voyait le double sens de *Legs*, puisque c'était un testament. Le poème eut beaucoup de succès aussitôt, et fut copié et répandu, mais avec le titre nouveau de *Testament*, que Villon n'approuva point. Il ne devait, d'ailleurs, rentrer à Paris qu'à la fin de l'année 1461, avec le manuscrit du *Grand Testament*, qui fut composé en province. Il craignait d'être poursuivi dans l'affaire du collège de Navarre, et n'ignorait point qu'il avait été dénoncé à l'officialité. On ne découvrit le vol qu'au mois de mars 1457. La somme dérobée appartenait à la communauté des doyen, maîtres, régents et écoliers de la Faculté de théologie, et elle avait été placée dans un petit coffre de noyer, à trois serrures, enfermé dans un grand coffre bandé de fer, à quatre serrures. Toutes ces serrures avaient été crochetées. Voilà pourquoi les compagnons mirent deux heures à leur vol. L'un des sergents qui assistèrent à l'enquête fut Michault du Four, que Villon connaissait bien. Les serruriers jurés firent un rapport très détaillé sur le crochetage des serrures, furent d'avis qu'on y avait employé « crochets, marteaux, ciseaux et truquoises » et que le vol remontait au moins à deux ou trois mois. Mais on n'eut d'information sur les voleurs que le 17 mai 1457. Ce fut par une déposition de Pierre Marchand, prieur, curé à Paray-lez-Ablis, près de Chartres. Pierre Marchand, de passage à Paris, se trouva déjeuner à la taverne de la Chaire, au Petit-Pont, avec un autre prêtre et Guy Tabarie, qui sortait des prisons de l'official. Pendant le déjeuner, comme Guy Tabarie racontait qu'on l'avait accusé d'être crocheteur, le curé de Paray essaya de le faire causer, ayant appris qu'on venait de voler 600 écus à un religieux des Augustins, frère Guillaume Coiffier. Il feignit même de vouloir prendre part à un vol. Sur quoi Guy Tabarie lui parla de Petit Thibault, qui savait fabriquer des crochets, le mena à Notre-Dame et lui montra quatre ou cinq jeunes compagnons qui y tenaient franchise, s'étant échappés des prisons de l'évêque de Paris. Il lui désigna l'un d'eux, « qui estoit petit homme et jeune de vingt-six ans ou environ, lequel avoit longs cheveux par derrière et lui dit que c'estoit le plus soutil de toute la compaignie et le plus habile à crocheter et que rien ne lui estoit impossible en tel cas ». Les compagnons qui tenaient franchise causèrent très bien avec le curé de Paray, qui les laissa dans Notre-Dame. Ensuite Guy Tabarie, prenant confiance, raconta au curé le vol du collège de Navarre, une entreprise à Saint-Mathurin, où les chiens, aboyant de nuit, les avaient fait enfuir, et l'affaire de Guillaume Coiffier. Enfin, il parla de François Villon et du rapport qu'on attendait de lui pour aller à Angers. Le curé de Paray fit bonne mine à Tabarie, mais alla le dénoncer. Pourtant on ne put l'arrêter qu'en juillet 1458, un an après. Mis à la question de la courte-pointe et du petit tréteau, Guy Tabarie reconnut tout, en présence des docteurs en décrets et des licenciés en droit canon. Parmi ces derniers étaient François de La Vacquerie et François Ferrebouc.

On ne sait quelle fut la condamnation de Guy Tabarie, ni les poursuites que l'officialité ordonna contre ses complices. Mais François Villon apprit la dénonciation. Il ne la pardonna pas à Guy Tabarie, ni la procédure aux juges de l'official. Dans le *Grand Testament*, il raille Guy Tabarie sur l'habitude qu'il a de dire la vérité, Guy Tabarie, « qui est hom véritable »; il lègue à François, promoteur de La Vacquerie, « un haut gorgerin d'Écossois, » c'est-à-dire sans doute une corde de chanvre pour le faire pendre; pour François Ferrebouc, il devait le retrouver cinq ans après, en 1463, et se venger de lui plus sérieusement. Ainsi Villon quittait Paris une seconde fois, en hiver, allant vers l'Ouest, mais avec 100 écus d'or dans sa poche. C'était sa véritable vie errante qui commençait. La fuite de 1455 n'en avait été que la préparation. Il savait qu'on lui pardonnerait bien difficilement un vol comme celui du collège de Navarre. Il ne comptait plus sur Guillaume de Villon, ni sur les amis de madame Ambroise de Loré. L'exil dont il s'est plaint fut volontaire, et il s'imposa son bannissement. Les coquillards lui avaient enseigné toutes les façons de vivre sur la route. Il espérait peut-être, dans les villes où il passerait, composer quelque « farce, faincte ou moralité », qui lui donnerait un peu d'argent. Enfin il avait l'intention de gagner les domaines de la Loire pour faire un séjour à la cour de Charles d'Orléans et probablement d'aller vivre auprès de Jean II de Bourbon qui pourrait l'entretenir d'une pension. Car il devait savoir composer sa figure, changer de manières pour se conformer à l'étiquette, rire à ceux qui lui riaient, bouffonner pour gagner son pain et recevoir les plaisanteries et les brocards à la table des grands, pourvu qu'on lui donnât de l'hospitalité et de l'admiration pour son extraordinaire talent de poète.

III

La partie de la vie de François Villon qui s'étend de janvier 1457 à octobre 1461 est encore très mal connue. On peut espérer que des découvertes dans les archives de province, à Angers, à Bourges, à Orléans, à Dijon, nous apprendront un jour comment il vécut et où il alla. Il est impossible de déterminer s'il a visité Angers ou s'il y a été mêlé à l'affaire criminelle qu'il projetait. Mais il parcourut l'ouest de la France. C'est à Saint-Géneroux, dans les Deux-Sèvres, ainsi que l'a reconnu M. Longnon, qu'il devint l'ami de deux dames très belles et gentes qui lui apprirent à parler poitevin et auxquelles il fait allusion bien discrètement dans ses vers. Il passa par Saint-Julien-de-Vouventes, dans la Loire-Inférieure. Sans doute remontant le cours de la Loire, il arriva vers la fin de l'année 1457 dans un des châteaux du duc d'Orléans. Charles d'Orléans avait alors soixante-six ans ; mais moralement il était encore plus âgé. Depuis Azincourt, pendant vingt-cinq ans, il avait traîné en Angleterre une douloureuse captivité. Rien n'avait pu l'en distraire que la composition de poèmes charmants, doux et résignés. Il avait appris l'anglais pour écrire des rondeaux d'une exquise fraîcheur, quoique les critiques anglais pensent qu'il en fit seulement trois et que les autres furent traduits par des poètes de ce temps. Dès l'âge de quarante-trois ans, il fut infirme, avec quelque coquetterie, et déclara qu'il abandonnait le dieu d'Amours. Étant vieux, grave, estimé pour ses souffrances et la noblesse de son esprit, il avait de par son état de prince du sang une situation haute et imposante. Son cou était long, sa figure maigre et sèche avec la bouche grande, le nez fin un peu retroussé et tout l'air de son visage était austère et timide. En 1457, il devait être déjà bien las, car il ne put plus écrire ni même signer à partir de l'an 1463. Pourtant, l'année d'avant, en 1456, au conseil du roi, il demandait une croisade, peut-être désireux d'aller mourir en Terre

Sainte. Toutes les semaines, le vendredi, il donnait à dîner à treize pauvres et les servait lui-même. Il était pieux et indulgent. Sa cour de Blois fut à la fois paisible et brillante. Charles d'Orléans désirait de plus en plus ce royaume de Nonchaloir, où il parut entrer enfin vers 1462. Le nonchaloir est un peu ce que les stoïciens et les épicuriens appelaient l'ataraxie. Le vieux duc voulait le calme moral, sans souci. Et il ne prenait plaisir qu'à une société raffinée, artistique, qu'il recevait à Blois et gardait le plus longtemps possible. Mais un homme si grave ne pouvait supporter les élégants de la cour et les minauderies des jeunes gens délicats.

Il raille les nouvelles modes, les pourpoints déchiquetés et crevés, les souliers à longue pointe. Ce n'est pas là ce qu'il demandait aux gens de goût avec lesquels il aimait à vivre. Il les voulait surtout poètes, avec un esprit soudain qui leur permît d'improviser une réponse à un problème d'amour. Les bouts-rimés étaient en honneur, autant que les concours de ballades ou de rondeaux où le premier vers était proposé à plusieurs poètes. Charles d'Orléans correspondait ainsi avec Olivier de La Marche, Meschinot, Jean de Lorraine, Jean de Bourbon, Jacques de la Trémoille ; Robertet vint à la cour de Blois ; enfin il avait dans sa maison Guiot, Philippe Pot, Boulainvilliers, Blosseville, Fredet, Gilles des Ormes, Simonet Caillau et Jehan Caillau, qui était son médecin. Entre ceux-là, il y avait comme des tournois de poésie, auxquels le duc d'Orléans prenait part. Cependant il jouait aux échecs, et la duchesse aux dames, aux marelles et au glic, avec les officiers du duc. Les états de dépenses de la maison d'Orléans pour ce temps montrent qu'il passa souvent à la cour des ménestrels, que l'on traitait avec de l'argent. Charles d'Orléans aimait les fêtes traditionnelles, même un peu libres. Il fit faire des cadeaux aux enfants de chœur de Saint-Sauveur à Blois, pour fêter l'évêque qu'ils nommaient par plaisanterie le jour des Innocents. Les réjouissances de ces clercs du chœur de Saint-Sauveur durent ressembler aux plaisirs un peu violents que prenaient les clercs du chœur de la Sainte-Chapelle à Dijon. Le duc d'Orléans fit aussi des cadeaux à l'évêque des Fous, et au roi que nommaient les pages le jour des Rois.

Comment François Villon fut-il reçu dans cette société ? Il est probable que Charles d'Orléans prit d'abord un grand plaisir à une conversation qui devait être fort spirituelle. Le 14 décembre 1457 naquit sa fille Marie, et Villon composa pour elle un *Dit*. Ce n'est pas un de ses bons poèmes; mais il y demande à la petite princesse de donner au monde la paix. Le *Problème ou ballade au nom de la Fortune* fut écrit aussi sous l'influence de Charles d'Orléans et composé probablement à la cour de Blois. Enfin il y eut un concours de ballades entre plusieurs poètes de l'entourage du duc. Le premier vers proposé était :

Je meurs de soif auprès de la fontaine.

Robertet, Simonet Caillau et Charles d'Orléans composèrent leurs ballades. Villon fit aussi la sienne. Elle est incontestablement supérieure. A travers la contradiction qu'on lui imposait dans chaque vers, il a montré le malheur de sa nature. « Je riz en pleurs, » dit-il. Deux vers de cette ballade font croire que le poète fut pensionné par Charles d'Orléans.

> Que fais-je plus ? Quoy ? Les gaiges ravoir,
> Bien recueully, debouté de chascun.

Mais les comptes de la maison d'Orléans qui sont conservés pour cette période ne mentionnent pas de dépense en faveur de François Villon. D'ailleurs l'amitié de Charles d'Orléans pour lui eut peu de durée, si l'on en croit le témoignage d'un manuscrit des poésies de Charles d'Orléans, le n° 25.458 du fonds français à la Bibliothèque Nationale. C'est un petit volume sur parchemin composé de cahiers de huit feuilles, qui furent reliés ensemble plus tard. Il a été étudié de près par M. Byvanck; et le savant hollandais y a fait une importante découverte qu'il justifiera dans la *Romania*. Ce petit manuscrit, très personnel à Charles d'Orléans, contient deux poésies écrites de la main même de François Villon. Voici comment on peut établir ce point. M. Byvanck a remarqué que certaines poésies de ce manuscrit avaient été transcrites de la main propre de Charles d'Orléans, et que les ballades du concours *Je meurs de soif...* sont chacune d'une écriture différente et bien caractérisée. Au-dessus de ces ballades un scribe a noté les noms des auteurs : Robertet, Caillau, Villon, etc. On ne retrouve l'écriture de la ballade de Villon qu'une autre fois dans le manuscrit : et c'est l'écriture du *Dit de la naissance Marie,* qui est signé : « Votre povre escolier Françoys. » D'ailleurs l'orthographe de ces deux pièces est de tous points conforme à celle de Villon, qu'on avait rétablie à l'aide de la méthode critique. Tandis que les autres poètes écrivaient *soif*, Villon note *seuf*, à la parisienne. Il orthographie *je pourré* pour *je pourrai, perdent* pour *perdant*. Quand M. Byvanck aura apporté l'ensemble de preuves philologiques qu'il se propose de donner, le petit manuscrit 25.458 deviendra bien célèbre. L'encre avec laquelle sont écrites les deux pièces est la même aussi, différente des autres encres du manuscrit, qui ont un ton plus noir. Elle est jaune, fine et pâle. En effet, chacun portait alors son encrier à la ceinture, un galimart avec les plumes et l'encre que l'on préférait. L'écriture est petite, serrée, ronde et nette, peu gothique d'aspect et assez analogue à celle de Rabelais dans la minuscule. Mais les grandes lettres sont gothiques, quoique Villon en ait simplifié quelques-unes par un procédé tout à fait personnel. Elles sont disposées en colonne, avec soin, au début des vers, séparées par un blanc du mot qu'elles commencent. On voit très bien que le poète avait la grande habitude des acrostiches, et qu'il mettait les lettres initiales de ses vers en lumière. Enfin il traçait au-dessus de tous les *y* un petit signe courbe très délicat.

Voici maintenant la conjecture que l'on peut faire, d'après ce manuscrit, sur les relations de Charles d'Orléans et de François Villon. Le *Dit de la naissance Marie* est copié sur le premier feuillet des cahiers reliés qui composent le manuscrit. Mais les quatorze pages qui suivent sont restées en blanc. Peut-être que le cahier avait été remis à Villon et que le poète fut paresseux ou qu'il cessa de plaire à la cour. Rien ne peut être fixé à cet égard. Toutefois, M. Byvanck a pu constater, au moyen de remarques philologiques qu'il exposera tout au long, que Charles d'Orléans a écrit de sa main, au recto de la page qui contient le poème sur la *Naissance Marie* et peu après, une réponse indirecte au *Dit* de Villon, où il demandait la paix.

> Chascun s'esbat au mieulx mentir
> Et voulentiers je l'apprendroye,
> Mais maint mal j'en voy advenir,
> Parquoy savoir ne le vouldroye...
> . . . .
> Paix crie ; Dieu la nous ottroye !
> C'est ung trésor qu'on doit chérir,
> Tous bien s'en peuvent ensuir,
> Si faulceté ne s'y employe.

On serait moins tenté d'appliquer ces vers à François Villon, si l'on ne savait qu'il fut menteur en attitude et en action, littérairement et avec ses compagnons. Il paraît peu douteux que Charles d'Orléans ait esquissé son portrait dans ce rondeau, qui fait nettement allusion aux deux premiers vers du *Grand Testament*.

> En l'an de mon trentiesme aage,
> Que toutes mes hontes j'eus beues...

Voici la pièce du duc d'Orléans :

> Qui a toutes ses hontes beues,
> Il ne lui chault que l'on lui die.
> Il laisse passer mocquerie
> Devant ses yeulx, comme les nues.
>
> S'on le hue par my les rues,
> La teste hoche à chiere lie.
> Qui a toutes ses hontes beues,
> Il ne lui chault que l'on lui die.
>
> Truffes sont vers lui bien venues ;
> Quant gens rient, il faut qu'il rie ;
> Rougir on ne le feroit mie ;
> Contenances n'a point perdues
> Qui a toutes ses hontes beues.

Ce portrait est grave et triste. On n'est point surpris que le prince austère ait été choqué par la bouffonnerie forcée de François Villon. Deux esprits si différents ne pouvaient guère se comprendre ni s'aimer. Puis nous ne savons pas si Villon ne provoqua pas la mésestime du duc d'Orléans.

Il ne put rester à Blois, bien qu'y ayant à la maison ducale « les gages ». Il se dirigea vers le Bourbonnais. Nous savons qu'il passa à Saint-Satur, sous Sancerre, parce qu'il y releva une inscription tombale très naïve, qu'il replaça dans le *Grand Testament*. L'indication topographique, ainsi que l'a montré M. Longnon, est rigoureusement exacte, puisque Saint-Satur est au pied de la montagne où s'élève Sancerre. Puis il vint auprès du duc Jean II de Bourbon, qui aimait les poètes, puisqu'il correspondait avec Charles d'Orléans. Les comptes de la maison de Bourbon sont malheureusement détruits, pour cette période. Nous y aurions trouvé à coup sûr note de la pension que Villon reçut de Jean II. La *Requête* en vers que le poète lui adressa pour avoir de l'argent montre bien que Villon en recevait habituellement. Mais il ne resta pas à la cour de Bourbon. Il alla, comme l'a reconnu M. Longnon, jusque dans le Dauphiné, à Roussillon, en dehors du royaume de France. Et il revint, toujours errant, incertain, ne sachant où se reposer. Dans l'été de 1461 il était prisonnier depuis de longs mois à Meung-sur-Loire, dans les prisons de l'évêque d'Orléans, Thibault d'Aussigny. Villon conseille aux enfants perdus dans sa ballade d'éviter Montpipeau, où fut compromis Colin de Cayeux. Montpipeau est une forteresse isolée, à dix kilomètres au nord de Meung. Probablement les coquillards, et François Villon avec eux, firent près de Montpipeau quelque vol ou quelque meurtre. L'affaire devait être grave, car Villon fut mis à l'oubliette, au pain et à l'eau, et enferré. Jamais il ne pardonna à l'évêque d'Orléans. Il lui parut qu'on l'avait traité d'horrible façon. Il prétendit avoir subi dans ce cachot de Meung toutes les peines de sa vie. Il s'attendait à la prison perpétuelle, et il maudissait Thibault d'Aussigny.

> Large ou estroit, moult me fut chiche.
> Tel lui soit Dieu qu'il m'a esté.

Mais Charles VII, heureusement pour Villon, mourut le 22 juillet 1461. Pour le droit de joyeux avènement, Louis XI donna des lettres de rémission aux prisonniers des villes où il passa après son sacre. Ainsi, à Reims, à Meaux, à Paris, à Bordeaux. Il passa à Meung le 2 octobre 1461. Nous n'avons pas la lettre de rémission qu'il accorda à François Villon. Elle nous aurait appris la série de ses délits et son dernier crime. Parmi les notes que le suppliant remit à la chancellerie royale, il dut indiquer l'affaire du collège de Navarre, pour laquelle il eut rémission, comme pour les autres. Villon ne se connaît plus de joie. Il remercie Jésus :

> Loué soit-il, et Nostre-Dame,
> Et Loys, le bon roy de France !

Il allait pouvoir rentrer à Paris et reprendre sa chambre au cloître Saint-Benoît. Pourtant il écrivit le *Grand Testament* avant de revenir [auprès de maître Guillaume de Villon. Beaucoup des pièces qu'il y inséra avaient été composées depuis longtemps. Mais divers indices montrent que, contrairement au témoignage de son contemporain Éloy d'Amerval, ce n'est pas à Paris qu'il termina son poème. Il croit d'abord que Robert d'Estouteville est encore prévôt de Paris en 1461, quoique le roi Charles VII lui eût retiré ses fonctions dès 1460, et que Louis XI eût confirmé sa disgrâce. Il ne fut rétabli à la charge de prévôt qu'en 1465. Villon parle aussi de la Maschecroüe, comme si elle était encore vendeuse de volailles près de la porte

du Grand Châtelet. M. Longnon a retrouvé
cette poulaillière dans les censiers du Temple.
Elle se nommait vraiment Machico, veuve
d'Arnoul Machico, et au moins depuis 1443
elle habitait cette maison de la Porte de Paris.
Sa réputation était ancienne. Mais, en 1461,
la Machico était morte, et sans doute depuis
une année ; sa maison était inhabitée, et personne ne lui avait succédé dans son commerce. François Villon l'ignorait aussi, et
certes, s'il avait été à Paris, il aurait souvent
passé devant la Machico, à la porte du Grand
Châtelet.

Sa dernière captivité l'avait impressionné
plus fortement. Il y a dans le *Grand Testament* de sérieuses préoccupations morales,
et la tentative évidente de composer un traité
édifiant. Comme il fallait nécessairement dans
une œuvre de ce genre placer l'invocation
traditionnelle à Notre-Dame, François Villon
inséra dans le *Grand Testament* la ballade
qu'il fit pour sa mère. Il parle à la sainte
Vierge au nom de sa pauvre mère illettrée.
Le poème est admirable. Villon a su mer-
veilleusement adapter ses sentiments et leur

expression. Là, comme ailleurs, il a fait œuvre littéraire. On ne saurait demander tant de foi naïve à l'homme qui avait écrit, pourtant dans un moment de haute sincérité, pour éloigner ses amis du vol et du meurtre :

> Ce n'est pas ung jeu de trois mailles,
> Où va corps, et *peut-estre* l'âme,

et qui terminait son œuvre, en parlant de sa propre mort, par cet envoi :

> Prince, gent comme esmerillon,
> Sachez qu'il fist, au departir :
> Ung traict but de vin morillon,
> Quant de ce monde voult partir.

Enfin, après avoir terminé le *Grand Testament*, François Villon rentra à Paris. On dut aussitôt copier et répandre son poème. Mais Villon, ayant retrouvé le chapelain de Saint-Benoît, et sa chambre au cloître, reprit son ancienne vie. Quoiqu'il eût « toutes ses hontes bues », il ne s'était pas amendé. Ce petit homme sec, noir, futé et prudent, ayant repris sa tonsure depuis que la justice laïque l'avait fait entièrement raser, continuait à errer dans la cité, et n'oubliait pas ses vieilles haines. La rancune est son moindre défaut. M. Longnon a eu le bonheur de le retrouver en novembre 1463.

François Villon vint visiter un soir, vers six heures, Robin Dogis, à un hôtel où pendait l'enseigne du Chariot, dans la rue des Parcheminiers. Il demanda à Robin Dogis de lui donner à souper. Avec eux mangèrent Rogier Pichart et Hutin du Moustier, qui fut plus tard sergent à verge au Châtelet. Pendant le souper, ils convinrent tous qu'ils iraient passer la soirée dans la chambre de maître François Villon. Vers sept ou huit heures donc, ils quittèrent l'hôtel du Chariot, et s'en allèrent à Saint-Benoît, par la rue Saint-Jacques. On ne sait si François Villon conseilla à ses compagnons une mauvaise plaisanterie, mais il y a tout lieu de le croire. Car ils s'arrêtèrent devant la fenêtre de l'écritoire de maître François Ferrebourg (qui est le même que le François Ferrebouc, licencié en droit canon, examinateur dans l'affaire du collège de Navarre). Là, Rogier Pichart se mit à railler les clercs de François Ferrebourg, les insulta et cracha dans leur écritoire par la fenêtre. Les clercs sortirent, la chandelle allumée au poing, criant : « Quels paillards sont-ce là? » Et Rogier Pichart leur demanda s'ils voulaient acheter des flûtes, entendant qu'il leur donnerait des coups de bâton. Il y eut une bagarre. Les clercs saisirent Hutin du Moustier et l'entraînèrent dans l'hôtel de Ferrebourg, tandis qu'il hurlait : « Au meurtre! on me tue! je suis mort! » Les cris firent sortir François Ferrebourg, qui heurta Robin Dogis, et en reçut un coup de dague. Puis Robin laissa Ferrebourg à terre et remonta la rue Saint-Jacques. Il retrouva Rogier Pichart devant l'église Saint-Benoît. François Villon était rentré, et Rogier s'était enfui, la rixe devenant sérieuse. Robin Dogis dit à Rogier Pichart « qu'il estoit ung très mauvais paillart » et rentra se coucher à l'hôtel du Chariot. Plus tard, Dogis, étant sujet savoyard, obtint rémission pour l'entrée à Paris du duc de Savoie. On voit bien que, dans cette affaire, Rogier Pichart fut l'agresseur, et que François Villon disparut aussitôt qu'on se battit. Dogis appela Pichart « paillard » pour l'avoir laissé seul aux prises avec les clercs après avoir été la cause du tumulte. Mais le véritable instigateur de l'injure dut être François Villon. Il avait de la rancune contre François Ferrebourg, comme il en avait contre François de La Vacquerie. Tous deux avaient ordonné contre lui des poursuites pour le vol du collège de Navarre. C'étaient des griefs que Villon n'oubliait pas. Ainsi il ne reçut pas ses compagnons dans sa chambre de Saint-Benoît, après la rixe. Il craignait probablement d'être encore une fois accusé.

Cette date de novembre 1463 est la dernière où l'on trouve la preuve de l'existence de François Villon. Il nous dit, en 1461, qu'il était malade, qu'il toussait. Peut-être qu'il mourut vers l'année 1464. Le testament de maître Guillaume de Villon, dressé en 1468, est malheureusement perdu. On y aurait eu des détails sur François Villon, s'il était encore vivant. Suivant Rabelais, il se serait retiré sur ses vieux jours à Saint-Maixent, en Poitou; mais les autres anecdotes que conte Rabelais sur Villon sont apocryphes, et il est difficile d'admettre que Rabelais ait reçu celle-là par une tradition orale de Saint-

Maixent. Il est plus probable que François
Villon mourut, encore jeune, à Saint-Benoît-
le-Bétourné. Si sa vie s'était prolongée bien
au-delà de 1463, il aurait laissé d'autres
œuvres pour la première édition de ses poèmes
en 1489.

Telle est donc la biographie de François
Villon, encore imparfaite sans doute et pleine
de lacunes; mais elle permet de juger plus
sérieusement l'homme à côté de son œuvre.
Il passa dans des sociétés bien différentes,
fut écolier de l'Université, ami des procureurs,
du prévôt de Paris et reçu chez sa femme, et
mena une vie paisible avec le chapelain de
Saint-Benoît. En même temps, il fréquentait
les écoliers turbulents et les compagnons de
la Coquille. Devenu criminel, il sut pourtant
se faire accueillir chez Charles d'Orléans et
Jean de Bourbon. Deux ans après qu'il avait
écrit une œuvre de repentir, il se faisait
encore venger par ses compagnons d'un souvenir rancunier de sa mauvaise vie. La com-
plication d'une pareille existence, la difficulté
de composer des attitudes pour ces différentes
sociétés, le goût même pour une mascarade

continuelle, font voir que François Villon n'avait pas l'âme naïve. Il posséda au plus haut point la belle expression littéraire. C'était un grand poète. Dans un siècle où la force, le pouvoir et le courage avaient seuls quelque valeur, il fut petit, faible, lâche, il eut l'art du mensonge. S'il fut subtil par perversité, c'est de sa perversité même que sont nés ses plus beaux vers.

ROBERT LOUIS STEVENSON

II

ROBERT LOUIS STEVENSON

Je me souviens clairement de l'espèce d'émoi d'imagination où me jeta le premier livre de Stevenson que je lus. C'était *Treasure Island*. Je l'avais emporté pour un long voyage vers le Midi. Ma lecture commença sous la lumière tremblotante d'une lampe de chemin de fer. Les vitres du wagon se teignaient du rouge de l'aurore méridionale quand je m'éveillai du rêve de mon livre, comme Jim Hawkins, au glapissement du perroquet : « *Pieces of eight! pieces of eight!* »

J'avais devant les yeux John Silver, *with a face as big as a ham—his eye a mere pinpoint in his big face, but gleaming like a crumb of glass.* Je voyais le visage bleu de Flint, râlant, ivre de rhum, à Savannah, par une journée chaude, la fenêtre ouverte ; la petite pièce ronde de papier, découpée dans une Bible, noircie à la cendre, dans la paume de Long John ; la figure couleur de chandelle de l'homme à qui manquaient deux doigts ; la mèche de cheveux jaunes flottant au vent de la mer sur le crâne d'Allardyce. J'entendais les deux ahans de Silver plantant son couteau dans le dos de la première victime ; et le chant vibrant de la lame d'Israël Hands clouant au mât l'épaule du petit Jim ; et le tintement des chaînes des pendus sur Execution Dock ; et la voix mince, haute, tremblante, aérienne et douce s'élevant parmi les arbres de l'île pour chanter plaintivement : « *Darby M'Graw ! Darby M'Graw !* »

Alors je connus que j'avais subi le pouvoir d'un nouveau créateur de littérature et que mon esprit serait hanté désormais par des images de couleur inconnue et des sons point encore entendus. Et cependant ce trésor n'était pas plus attirant que les coffres d'or du Capitaine Kidd; je connaissais le crâne cloué sur l'arbre dans *The Gold Bug;* j'avais vu Blackbeard boire du rhum, comme le Capitaine Flint, dans le récit d'Oexmelin; je retrouvais Ben Gunn, changé en homme sauvage, comme Ayrton dans l'île Tabor; je me souvenais de la mort de Falstaff, agonisant comme le vieux pirate, et des paroles de Mrs. Quickly : —

« *A parted even just betwen twelve and one, e'en at the turning o' the tide; for after I saw him fumble with the sheets, and play with flowers, and smile upon his fingers' ends, I knew there was but one way; for his nose was as sharp as a pen and 'a babbled of green fields.* » . . . . « *They say, he cried out of sack.* » — « *Ay, that 'a did.* »

J'avais entendu ce même ballottement des pendus noircis par le hâle, dans la ballade de François Villon; et l'attaque de la maison solitaire, au milieu de la nuit, me rappelait le conte populaire, *The Hand of Glory*. « Tout est dit, depuis six mille ans qu'il y a des hommes, et qui pensent. » Mais ceci était dit avec un accent nouveau. Pourquoi, et quelle était l'essence de ce pouvoir magique? C'est ce que je voudrais tâcher de montrer dans ces quelques pages.

On pourrait caractériser la différence de l'ancien régime en littérature et de nos temps modernes par le mouvement inverse du style et de l'orthographe. Il nous paraît que tous les écrivains du quinzième et du seizième siècle usaient d'une langue admirable, alors qu'ils écrivaient les mots chacun à leur manière, sans se soucier de leur forme. Aujourd'hui que les mots sont fixés et rigides, vêtus de toutes leurs lettres, corrects et polis, dans leur orthographe immuable, comme des invités de soirée, ils ont perdu leur individualisme de couleur. Les gens s'habillaient d'étoffes différentes : maintenant les mots, comme les gens, sont habillés de noir. On ne les distingue plus beaucoup. Mais ils sont tous correctement orthographiés. Les langues, comme les peuples, parviennent à une organisation de société raffinée d'où on a banni les bariolages indécents. Il n'en est pas autrement des histoires ou des romans. L'orthographe de nos contes est parfaitement régulière ; nous les façonnons suivant des modèles exacts.

The actors are, it seems, the usual three,

dit George Meredith. Il y a une *manière* de raconter et de décrire. L'humanité littéraire suit si volontiers les routes tracées par les premiers découvreurs que la comédie n'a guère changé depuis la « maquette » fabriquée par Ménandre, ni le roman d'aventures depuis l'esquisse que Pétrone a dessinée. L'écrivain qui rompt l'orthographe traditionnelle prouve véritablement sa force créatrice: Or il faut bien se résigner : on ne peut jamais changer que l'orthographe des phrases et la direction des lignes. Les idées et les faits restent les mêmes, comme le papier et l'encre. Ce qui fait la gloire de Hans Holbein dans le dessin de la famille de Thomas Morus, ce sont les courbes qu'il a imaginé de faire décrire à son calame. La matière de la Beauté est restée identique depuis le Chaos. Le poète et le peintre sont des inventeurs de formes : ils se servent des idées communes et des visages de tout le monde.

6.

Prenez maintenant le livre de Robert Louis Stevenson. Qu'est-ce? Une île, un trésor, des pirates. Qui raconte? Un enfant à qui arriva l'aventure. Odysseus, Robinson Crusoe, Arthur Gordon Pym ne s'en seraient pas tirés d'autre manière. Mais ici il y a un entrecroisement de récits. Les mêmes faits sont exposés par deux narrateurs — Jim Hawkins et le docteur Livesey. Robert Browning avait déjà imaginé quelque chose de semblable dans *the Ring and the Book*. Stevenson fait jouer en même temps le drame par ses récitants; et au lieu de s'appesantir sur les mêmes détails saisis par d'autres personnes, il ne nous présente que deux ou trois points de vue différents. Puis l'obscurité est faite à l'arrière-plan, pour nous donner l'incertitude du mystère. Nous ne savons pas exactement ce qu'avait fait Billy Bones. Deux ou trois touches de Silver suffisent pour nous inspirer le regret ardent d'ignorer à jamais la vie de Captain Flint et de ses compagnons de fortune. Qu'était-ce que la négresse de Long John, et dans quelle auberge de quelle ville d'Orient retrouverons-nous, avec un tablier de cuisinier, *the seafaring man with one leg?* L'art, ici, consiste à ne point dire. J'ai eu une triste déception le jour où j'ai lu dans Charles Johnson la vie de Captain Kidd : j'aurais préféré ne la lire jamais. Je suis sûr de ne jamais lire la vie de Captain Flint ou de Long John. Elles reposent, informulées, dans le tombeau du Mont Pala, dans l'île d'Apia.

> *And may I*
> *And all my pirates share the grave*
> *Where these and their creations lie!*

Ces espèces de silences du récit, qui sont peut-être ce qu'il y a de plus passionnant dans les fragments du *Satiricon*, Stevenson a su les employer avec une extraordinaire maîtrise. Ce qu'il ne nous dit pas de la vie d'Alan Breck, de Secundra Dass, d'Olalla, d'Attwater, nous attire plus que ce qu'il nous en dit. Il sait faire surgir les personnages des ténèbres qu'il a créées autour d'eux.

Mais pourquoi le récit même, en dehors de la composition, et des coupures de silence qui y sont ménagées, a-t-il cette intensité particulière qui ne vous permet pas de déposer un livre de Stevenson quand vous l'avez pris en main? J'imagine que le secret de ce pouvoir a été transmis de Daniel De Foe à Edgar Poe et à Stevenson, et que Charles Dickens en a eu quelques lueurs dans *Two Ghost Stories*. C'est essentiellement l'application des moyens les plus simples et les plus réels aux sujets les plus compliqués et les plus inexistants. Le récit minutieux de l'apparition de Mrs. Veal, le compte-rendu scrupuleux du cas de M. Valdemar, l'analyse patiente de la faculté monstrueuse de Dr. Jekyll, sont les exemples les plus frappants de ce procédé littéraire. L'illusion de réalité naît de ce que les objets qu'on nous présente sont ceux que nous voyons tous les jours, auxquels nous sommes bien accoutumés; la puissance d'impression, de ce que les rapports entre ces objets familiers sont soudainement modifiés. Faites croiser à un homme l'index par-dessus le médius et mettez une bille entre les extrémités des doigts croisés : il en sentira deux, et sa surprise sera beaucoup plus grande que lorsque M. Robert-Houdin fait jaillir une omelette ou cinquante mètres de ruban d'un chapeau préparé à l'avance. C'est que cet homme connaît parfaitement ses deux doigts et la bille : il ne doute donc point de la réalité de ce qu'il essaie. Mais les rapports de ses sensations sont changés : voilà où il est touché par l'extraordinaire. Ce qu'il y a de plus saisissant dans *The Journal of the Plague*, ce ne sont ni les fosses prodigieuses creusées dans les cimetières, ni les entassements de cadavres, ni les portes marquées de croix rouges, ni les appels de cloche des enterreurs des morts, ni les affres solitaires des fuyards, ni même *the blazing star, of a faint dull, languid colour, and its motion very heavy, solemn, and slow*. Mais l'épouvante est extrême dans ce récit : le sellier, parmi le profond silence des rues, entre dans la cour de la maison de poste. Un homme est au coin ; un autre à la fenêtre ; un autre à la porte du bureau. Tous trois regardent, au centre de la cour, une petite bourse de cuir, avec deux clefs qui y pendent ; personne *n'ose* y toucher. Enfin l'un d'eux se décide, saisit la bourse avec des pincettes rougies au feu, et l'ayant brûlée fait tomber le contenu dans un seau plein d'eau.

The money, as I remember, dit De Foe, *was about thirteen shillings, and some smooth groats and brass farthings.* Voilà une pauvre aventure des rues — une bourse abandonnée — mais toutes les conditions d'action sont modifiées, et aussitôt l'horreur de la peste nous entoure. Deux des incidents les plus terrifiants en littérature sont la découverte par Robinson de l'empreinte d'un pied inconnu dans le sable de son île, et la stupeur de Dr. Jekyll, reconnaissant, à son réveil, que sa propre main, étendue sur le drap de son lit, est devenue la main velue de M. Hyde. Le sentiment du mystère dans ces deux événements est insurmontable. Et pourtant aucune force psychique n'y paraît intervenir : l'île de Robinson est inhabitée — il ne devrait y avoir là d'empreinte d'autre pied que du sien ; le docteur Jekyll n'a pas au bout du bras, dans l'ordre naturel des choses, la main velue de M. Hyde. Ce sont de simples oppositions de fait.

Je voudrais en arriver maintenant à ce que cette faculté a de spécial chez Stevenson. Si je ne me trompe, elle est plus saisissante et plus magique chez lui que chez tous les autres. La raison m'en paraît être dans le romantisme de son réalisme. Autant vaudrait écrire que le réalisme de Stevenson est parfaitement irréel, et que c'est pour cela qu'il est tout-puissant. Stevenson n'a jamais regardé les choses qu'avec les yeux de son imagination. Aucun homme n'a la figure comme un jambon; l'étincellement des boutons d'argent d'Alan Breck, lorsqu'il saute sur le vaisseau de David Balfour, est hautement improbable; la rigidité de la ligne de lumière et de fumée des flammes de chandelles dans le duel du *Master of Ballantrae* ne pourrait s'obtenir dans une chambre d'expériences; jamais la lèpre n'a ressemblé à la tache de lichen que Keawe découvre sur sa chair; quelqu'un croira-t-il que Cassilis, dans *the Pavilion on the Links*, ait pu voir luire dans les prunelles d'un homme la clarté de la lune, *though he was a good many yards distant ?* Je ne parle point d'une erreur que Stevenson avait reconnue lui-même, et par laquelle il fait accomplir à Alison une chose impraticable : « *She spied the sword, picked it up... and thrust it to the hilt into the* frozen *ground.* »

Mais ce ne sont pas là, en vérité, des erreurs : ce sont des images plus fortes que les images réelles. Nous avions trouvé chez bien des écrivains le pouvoir de hausser la réalité par la couleur des mots ; je ne sais pas si on trouverait ailleurs des images qui, sans l'aide des mots, sont plus violentes que les images réelles. Ce sont des images romantiques, puisqu'elles sont destinées à accroître l'éclat de l'action par le décor ; ce sont des images irréelles, puisqu'aucun œil humain ne saurait les voir dans le monde que nous connaissons. Et cependant elles sont, à proprement parler, la quintessence de la réalité.

En effet, ce qui reste en nous d'Alan Breck, de Keawe, de Thevenin Pensete, de John Silver, c'est ce pourpoint aux boutons d'argent, cette tache irrégulière de lichen, stigmate de la lèpre, ce crâne chauve avec sa double touffe de cheveux rouges, cette face large comme un jambon, avec les yeux scintillants comme des éclats de verre. N'est-ce pas là ce qui les dénote dans notre mémoire ? ce qui leur donne cette vie factice qu'ont les êtres littéraires, cette vie qui dépasse tellement en énergie la vie que nous percevons avec nos yeux corporels qu'elle anime les personnes qui nous entourent? Car l'agrément et l'intérêt que nous éprouvons dans les autres est excité, la plupart du temps, par leur degré de ressemblance avec ces êtres littéraires, par la teinte romantique qui se répand sur eux. Nos contemporains existent avec d'autant plus de force, nous apparaissent avec d'autant plus d'individualité, que nous les attachons plus étroitement à ces créations irréelles des temps anciens. Cette haleine littéraire fait fleurir toutes nos affections en beauté. Nous vivons rarement avec plaisir de notre vraie vie. Nous essayons presque toujours de mourir d'une autre mort que de la nôtre. C'est une sorte de convention héroïque qui donne de l'éclat à nos actions. Quand Hamlet saute dans la tombe d'Ophélie, il songe à sa propre saga, et s'écrie :

It is I, Hamlet the Dane!

Et combien se sont enorgueillis de vivre de la vie d'Hamlet, qui voulait vivre de la vie d'Hamlet le Danois. Souvenez-vous de Peer

Gynt, qui ne peut pas vivre de sa propre vie, et qui, revenu dans son pays, vieux et inconnu, voit vendre à l'encan les accessoires de sa propre légende. Nous devrions être reconnaissants à Stevenson pour avoir élargi le cercle de ces amis de l'irréel. Ceux qu'il nous a donnés sont stigmatisés si vivement par son réalisme romantique que nous risquons fort de ne jamais les rencontrer ici-bas. Souvent nous voyons Don Quichotte, *de complexion recia, seco de carnes, enjuto de rostro;* ou Frère Jean des Entommeures, *hault, maigre, bien fendu de gueulle, bien advantaigé en nez;* ou le prince Hal, avec *a villainous trick of his eye and a foolish hanging of his nether-lip:* toûs traits de visage et de corps que la nature a mis en réserve pour nous, et qu'elle nous montrera souvent encore. La valeur imaginative résulte du choix et de la couleur des mots, de la coupure de la phrase, de leur appropriation au personnage qu'ils décrivent; et cette combinaison artistique est si miraculeuse que ces traits communs et fréquents dénotent pour l'éternité Don Quichotte, Frère Jean, le Prince Hal : ils leur appartiennent, c'est à eux que nous sommes obligés d'aller les demander.

Rien de pareil pour ceux que nous a créés Stevenson. Nous ne pouvons modeler personne à leur image, parce qu'elle est trop vive et trop singulière, ou qu'elle est liée au costume, à un jeu de lumière, à un accessoire de théâtre, pourrait-on dire. Je me souviens que lorsqu'on fit jouer ici la pièce de John Ford, *'T is pity she's a whore,* nous supposâmes qu'il faudrait piquer sur le poignard de Giovanni un vrai cœur sanglant. A la répétition, l'acteur entra, brandissant au bout de sa dague un cœur de mouton frais. Nous demeurâmes stupéfaits. Au delà de la rampe, sur la scène, parmi les décors, rien ne ressemblait moins à un cœur qu'un vrai cœur. Ce morceau de viande avait l'air d'une pièce de boucherie, toute violette. Ce n'était point le cœur saignant de la belle Annabella. Nous pensâmes alors que, puisqu'un vrai cœur paraissait faux en scène, un faux cœur devait paraître vrai. On fit le cœur d'Annabella avec un morceau de flanelle rouge. La flanelle était découpée selon la forme qu'on voit sur les images saintes. Le rouge était d'un éclat incomparable, tout à fait différent de la couleur du sang. Quand nous vîmes paraître une seconde fois Giovanni avec sa dague, nous eûmes tous un petit frémissement d'angoisse, car c'était bien là, à n'en pas douter, le cœur sanglant de la belle Annabella. Il me semble que les personnages de Stevenson ont justement cette espèce de réalisme irréel. La large figure luisante de Long John, la couleur blême du crâne de Thevenin Pensete s'attachent à la mémoire de nos yeux en vertu de leur irréalité même. Ce sont des fantômes de la vérité, hallucinants comme de vrais fantômes. Notez en passant que les traits de John Silver hallucinent Jim Hawkins, et que François Villon est hanté par l'aspect de Thevenin Pensete.

J'ai essayé de montrer jusqu'ici comment la puissance de Stevenson et de quelques autres résultait du contraste entre l'ordinaire des moyens et l'extraordinaire de la chose signifiée; comment le réalisme des moyens chez Stevenson a une vivacité spéciale; comment cette vivacité naît de l'irréalité du réalisme de Stevenson. Je voudrais aller encore un peu plus loin. Ces images irréelles de Stevenson sont l'essence de ses livres. Comme le fondeur de cire perdue coule le bronze autour du « noyau » d'argile, Stevenson coule son histoire autour de l'image qu'il a créée. La chose est très visible dans *The Sire de Malétroit's Door*. Le conte n'est qu'un essai d'explication de cette vision : une grosse porte de chêne, qui semble encastrée dans le mur, cède au dos d'un homme qui s'y appuie, tourne silencieusement sur des gonds huilés et l'enferme automatiquement dans des ténèbres inconnues. C'est encore une porte qui hante d'abord l'imagination de Stevenson au début de *Dr. Jekyll and Mr. Hyde*. Dans *The Pavilion on the Links* le seul intérêt du récit c'est le mystère d'un pavillon fermé, solitaire au milieu des dunes, avec des lumières errantes derrière ses volets clos. *The New Arabian Nights* sont construites autour de l'image d'un jeune homme, qui entre la nuit dans un bar avec un plateau de tartes à la crème. Les trois parties de *Will o' the Mill* sont essentiellement faites avec une file de poissons argentés qui descendent le courant d'une rivière, une fenêtre éclairée dans la nuit bleue (*one little oblong patch of orange*) et le profil d'une voiture, *and above that a few black pine tops, like so many plumes*. Le danger d'un tel procédé de composition, c'est que le récit n'ait pas l'intensité de l'image. Dans *The Sire de Malétroit's Door*, l'explication est fort au-dessous de la vision. Quant aux tartes à la crème de *Suicide Club*, Stevenson a renoncé à dire pourquoi elles étaient là. Les trois parties de *Will o' the Mill* sont juste à la hauteur de leurs images, qui semblent ainsi être de véritables symboles. Enfin, dans les romans, *Kidnapped*, *Treasure Island*, *The Master of Ballantræ*, etc., le récit est incontestablement très supérieur à l'image, qui cependant a été son point de départ.

Maintenant le créateur de tant de visions repose dans l'île fortunée des mers australes.

Ἐν νήσοις μακάρων σέ φάσιν εἶναι.

Hélas! nous ne verrons plus rien avec *his mind's eye*. Toutes les belles fantasmagories qu'il avait encore en puissance sommeillent dans un étroit tombeau polynésien, non loin d'une frange étincelante d'écume : dernière imagination, peut-être aussi irréelle, d'une vie douce et tragique. « *I do not see much chance of our meeting in the flesh,* » m'écrivait-il. C'était tristement vrai. Il reste entouré pour moi d'une auréole de rêve. Et ces quelques pages ne sont que l'essai d'explication que je me suis donnée des rêves que m'inspirèrent les images de *Treasure Island* par une radieuse nuit d'été.

GEORGE MEREDITH

III

GEORGE MEREDITH

Je sens bien qu'il faut présenter M. Meredith au public français, et j'y trouve une grande difficulté. Les œuvres du comte Tolstoï sont dans toutes les mains ; les drames de Henrik Ibsen ont été joués et acclamés à Paris ; il est facile au lecteur de se reporter à des traductions. Rien de pareil pour les livres de M. Meredith. On ne les connaît point ici. Il y a sept ans, on ne les connaissait point en Angleterre. J'entends que le public des romans ne trouvait pas encore d'intérêt à ceux de George Meredith. Mais les plus nobles écrivains anglais, Swinburne, Henley, Robert Louis Stevenson, s'inclinaient dès longtemps devant lui avec déférence. Car George Meredith publie depuis 1849, et on peut dire que son premier chef-d'œuvre date de 1856.

Les raisons de l'indifférence de la masse à l'égard de tels livres sont aisées à dire. Le langage de George Meredith est d'une extrême difficulté, par suite de la complexité des idées qui se pressent dans ses phrases. Toutes les nuances de sentiment, toutes les antinomies d'esprit, toutes les constructions d'imagination sont exprimées avec une richesse de métaphores qu'on retrouverait seulement dans les œuvres de l'époque d'Élisabeth. Ses personnages parlent une langue si individuelle qu'on reconnaît le mode de la pensée française dans le babil de l'exquise Renée (*Beauchamp's Career*), et la gauche lourdeur de la réflexion allemande dans les balbutiements mignons de la petite princesse Ottilia (*Harry Richmond*). Le mécanisme de l'intelligence est si minutieusement étudié dans *One of our Conquerors* que les cinquante premières pages sont consacrées à nous énumérer toutes les associations d'idées qui naissent dans la tête de M. Victor Radnor à la vue d'une tache de boue sur son gilet blanc. Enfin, et pour en venir à l'essence même de son œuvre, George Meredith a traité les problèmes du radicalisme dans *Beauchamp's Career*, du socialisme dans *The Tragic Comedians* (l'histoire de Ferdinand de Lassalle), de l'esprit révolutionnaire dans *Vittoria*, des années d'apprentissage d'un jeune homme dans *Richard Feverel* et *Harry Richmond*; et dans *l'Égoïste*, qui est un livre unique au monde, il a exploré le plus terrible mystère du cœur humain. Tout cela était bien ardu pour des lecteurs accoutumés aux émotions plus simples et plus faciles que leur donnaient les romans de Charles Dickens et de George Eliot.

Comment donc M. Meredith a-t-il été accepté du public? D'abord, par les efforts et les articles répétés de Swinburne, de Henley, de Stevenson, et de beaucoup d'autres encore; ensuite, par la force des conflits en jeu dans son œuvre, par la puissance passionnelle de ses héros qui égalent les plus fortes créations des poètes du xvie siècle, par le charme pénétrant de ses femmes : Rose Jocelyn, Lucy Desborough, Clara Middleton, « douces créatures aux doux noms, écrit Stevenson, les filles de George Meredith » ; et surtout parce que la poussée d'un génie qui ne cesse de se développer durant plus de trente ans à travers douze grands romans et quatre volumes de poèmes doit être finalement irrésistible.

II

Tandis que le train m'emportait assez lentement vers Dorking, je cherchais le mot caractéristique dans l'œuvre de George Meredith et la tendance générale de ses livres. Et je me rappelai ce cri à la fin des cinquante sonnets qui composent le poème de *l'Amour moderne* :

More brain, o Lord, more brain !

La femme n'a pas assez de cerveau. Elle ne peut pas comprendre l'homme. Il faut qu'elle se hausse jusqu'à son intellectualisme. Les cordes de la lyre sur laquelle jouait l'Amour ne rendent plus qu'un son discordant.

Concevons une nouvelle corde « ajoutée dans la pensée » : alors, l'harmonie sera rétablie, et l'amour pénétrera dans l'intelligence; deviendra, en vérité, un bien commun à la femme et à l'homme. Mais « le sens des femmes est encore tout mêlé de leurs sens ». Que la femme augmente son cerveau pour comprendre l'homme; que l'homme augmente son cerveau pour comprendre la Nature. « Je joue pour des saisons, non des éternités, dit la nature, souriant sur son chemin... Vers sa rose mourante elle laisse tomber un regard de tendresse et passe, à peine une lueur de souvenir dans la prunelle... Car elle connaît très profondément les lois de la croissance, elle dont les mains portent ici un sac de graines, là une urne... Cette leçon de notre seule amie visible, ne pouvons-nous pas l'apprendre à nos cœurs insensés ? » Mais « nous ne nous nourrissons pas des heures qui s'avancent et nos cœurs désirent les jours enterrés ». Nous résistons à la Nature parce que nous ne la comprenons pas assez. *More brain, o Lord, more brain !* L'activité exaltée du cerveau fera cesser l'éternel conflit, l'incompréhension entre l'homme et la femme, entre les sociétés factices et les passions de la nature.

III

Et l'homme que j'allais voir a exalté son activité cérébrale au delà de toutes les limites humaines.

Près de Dorking, au pied de la colline de Box-Hill, en face des prairies blondissantes de Surrey, semées d'arbres trapus, mamelonnés, d'un doux vert d'émeraude, entre des ormes et des frênes, la maison de George Meredith est nichée contre la pente fertile du sol. Plus haut, sur le versant de la colline, après des massifs de bleuets et de coquelicots, un cottage de bois, à deux pièces seulement. C'est là que M. Meredith travaille. Jadis, il y couchait. Il s'y enferme depuis dix heures du matin jusqu'à six heures du soir. Il interdit, sous peine de son plus sévère déplaisir, qu'on le dérange pendant cette période de la journée. Même son fidèle Cole, son domestique, « le meilleur de l'Angleterre, » qui le sert depuis quatorze ans, n'oserait affronter l'orage. S'il y a urgence, on communique de la maison avec M. Meredith par une sonnerie électrique et un appareil téléphonique.

Je fus d'abord frappé du résultat d'une telle surchauffe cérébrale, quand je vis s'avancer M. Meredith, qui venait de quitter la page commencée. M. Meredith est de haute taille; les cheveux et la barbe sont gris; la figure droite, belle, imposante, les yeux d'un bleu profond; mais ces yeux, pendant les premières minutes où il me parla, étaient littéralement *ivres de pensée*.

En me conduisant vers sa cellule, M. Meredith me dit : « On prétend que le cerveau se fatigue. N'en croyez rien. Le cerveau ne se lasse jamais. C'est l'estomac qu'on surmène. Et moi, je suis né avec un mauvais estomac, » ajouta-t-il en souriant.

Dans le cabinet de travail, une grande baie vitrée s'ouvre sur les larges pâturages et les bouquets de grands arbres bas du gras pays de Surrey ; une autre petite fenêtre donne sur un taillis noir de pins qui gravissent la colline. C'est là qu'est la table où écrit M. Meredith. « Le cerveau a besoin d'obscurité pour que les pensées puissent jaillir et se mouvoir librement, » m'a-t-il dit.

Il ne cessait de regarder un oiseau qui volait, infatigable, çà et là, à travers le ciel. « Voyez-vous cet oiseau, me dit M. Meredith, il m'intéresse extraordinairement ; tout le jour, il volète sans jamais se poser, sans jamais s'arrêter : nous l'appelons *swift* (martinet) ; et chaque fois que je le regarde, je pense que son mouvement éternel est semblable au mouvement inlassable de notre cerveau qui ne se pose et ne s'arrête jamais (*just like the flitting of the brain.*)

Je ne sais comment je vins à parler de la vieille tour d'Utrecht, dont la grosse cloche ne sonne qu'à la mort du roi. — « Et je ne voudrais pas qu'elle sonnât même alors, s'écria M. Meredith. Je hais le son des cloches (*loathe the bells*), avec leur rythme persistant ; à Bruges, je m'en souviens, elles m'empêchaient de *penser* pendant la nuit ; oh ! je les hais ! »

A une intelligence si constamment tendue, on voit bien que les figures et les voix doivent se présenter avec une intensité hallucinatoire. Balzac annonçait à ses visiteurs la mort de Lucien de Rubempré, les larmes aux yeux. M. Meredith a vécu dans son cottage de bois avec tous les personnages qui sont sortis de son imagination.

Parmi cette solitude de cloître, devant la petite fenêtre obscure, il a écrit sous leur dictée. « Quand le père de Harry Richmond est venu me trouver d'abord, m'a-t-il dit, quand j'ai entendu la pompeuse parole de ce fils d'un duc de sang royal et d'une actrice de dix-sept ans, je me souviens d'avoir ri aux éclats. » (*I perfectly roared with laughter.*) Puis, comme nous causions de Renée dans *Beauchamp's Career* : « N'est-ce pas que c'était une délicieuse créature? Je crois que je suis encore un peu amoureux d'elle. » (*Was she not a sweet girl? I think I am a little in love with her yet.*)

Et c'est ici le lieu de fixer le caractère le plus étrange et le plus frappant de la conversation de M. Meredith. Son langage est semblable à celui de ses personnages qui traduisent en anglais ce qu'ils ont pensé en italien, en allemand ou en français. On éprouve vivement que M. Meredith traduit ce qu'il dit, et que ses métaphores sont le résultat d'une transposition de signes. En d'autres termes, de même que le calculateur Jacques Inaudi ne se sert pas de chiffres pour son travail mental, mais de symboles qui lui sont propres, M. Meredith ne pense ni en anglais, ni en aucune langue connue : il pense en *meredith*. Et comme Inaudi transcrit en chiffres le résultat de ses opérations, M. Meredith traduit en paroles son mouvement cérébral, donnant ainsi le spectacle de la fonction intellectuelle la plus prodigieuse de ce siècle.

IV

La substance de ce qu'il m'a dit? Comment pourrais-je la donner? L'évolution du génie mène à un point où les paroles n'ont plus pour celui qui les emploie le sens qu'on leur prête. Pour des hommes tels que Tolstoï,

Ibsen, Meredith, les mots *intelligence*, *amour*, *nature*, enveloppent beaucoup plus d'idées que nous ne saurions concevoir. La dernière simplicité de l'art et de la philosophie dissimule un *nexus* d'expériences et de méditations que leur première simplicité ne soupçonnait pas. Renan, à la fin de sa vie, se rencontre mélancoliquement avec un pauvre Gavroche qui dit les mêmes choses, presque avec les mêmes mots. M. Meredith m'a parlé de la leçon que donnait la nature à ceux qui avaient appris à la voir, du conflit de l'homme avec la femme qui ne comprend encore que « l'épiderme de la paume du mâle », et de l'incessant vol du martinet à travers le ciel. Invinciblement, je me souvenais des paroles d'Agur, fils d'Iaké, au livre des *Proverbes*, et des choses qu'il déclare les plus incompréhensibles et les plus merveilleuses : la trace de l'oiseau dans l'air, et la trace de l'homme dans la vierge. Et je me souvenais aussi de la préface que fit le vieil Hokusaï pour les *Cent vues du Fousiyama* : « C'est à l'âge de soixante-treize ans que j'ai compris à peu près la forme et la nature vraie des oiseaux, des poissons et des plantes. »

— La mort? m'a dit M. Meredith. J'ai assez vécu; je ne la crains pas : ce n'est que l'autre côté de cette porte (*the inside and the outside of the door*).

Et je garde dans les yeux l'image de la haute taille de George Meredith, avec sa noble figure entourée de cheveux gris, tandis que, debout sous la porte de sa maison fleurie, il suivait du regard la voiture qui m'emmenait par la route verte de Box-Hill.

PLANGÔN ET BACCHIS

IV

PLANGÔN ET BACCHIS

Voici l'aventure de *la Chaîne d'or* telle qu'on la lit dans Athénée, livre XIII, chapitre LXVI.

« Une célèbre hétaïre fut aussi Plangôn la Milésienne. Sa beauté était si parfaite qu'un jeune homme de Kolophôn devint amoureux d'elle, bien qu'il eût pour maîtresse la Samienne Bacchis. Il la pressa de supplications. Mais Plangôn apprit la beauté de Bacchis, et voulut détourner le jeune homme de cet amour. Comme cela semblait impossible, elle exigea pour prix de sa faveur le collier de Bacchis, qui était très célèbre. L'amant, enflammé, jugea que Bacchis ne souffrirait pas de le voir périr. Et Bacchis eut pitié de sa passion et lui donna le joyau. Alors Plangôn, émue de voir que Bacchis n'était point jalouse, lui renvoya le collier et reçut le jeune homme dans ses bras. Et à partir de ce temps elles devinrent amies et choyèrent leur amant ensemble. Pleins d'admiration, les Ioniens, ainsi que le dit Ménétôr dans le *Livre des Offrandes*, donnèrent à Plangôn le nom de Pasiphilê. C'est elle qu'Archiloque (1) a citée dans ces vers :

Figuier des roches becqueté par les volées de corneilles,
Charmante accueilleuse d'étrangers, Pasiphilê.

Plangôn était de Milet, son ami de Kolophôn, et Bacchis de Samos. L'histoire du collier est une histoire d'Ionie. Ce furent les Ioniens qui inventèrent le nom de Pasiphilê.

---

(1) Cet Archiloque ne peut pas être le célèbre auteur des *Iambes*, qui vivait au commencement du viie siècle — ou on doit comprendre que les Ioniens du temps de Plangôn lui appliquèrent un ancien distique.

L'Ionie est un pays de merveilles. Tout notre trésor des contes a été pillé dans Milet. C'était une cité entourée de pins odorants et remplie de laine et de roses. Elle s'allongeait sur une des pointes de la baie de Latmos, en face de l'embouchure du Méandre. Les petites îles de Ladé, de Dromiskos et de Perné abritaient ses quatre ports. Les Milésiens vivaient dans le même luxe que les Sybarites, dont ils étaient les amis. Ils portaient des tuniques amorgines transparentes, des robes de lin couleur de violette, de pourpre, et de crocos, des sarapides blanches et rouges, des robes d'Égypte qui avaient la nuance de l'hyacinthe, du feu et de la mer, et des calasiris de Perse toutes semées de grains d'or. Leurs couvertures, dit Théocrite, étaient plus molles que le sommeil. C'était là que des pêcheurs avaient tiré dans leur filet, sur la grève, le trépied d'or d'Apollon ; là aussi que les vierges, lasses de vivre, n'avaient cessé de se pendre jusqu'au jour où les magistrats ordonnèrent de les enterrer nues, la cordelette au cou ; là encore que les femmes, au témoignage d'un scoliaste de Lysistrata, usaient de spéciales débauches. Cité de voluptés, d'étoffes précieuses, de fleurs, de courtisanes et de légendes ! Sa trace est effacée de la terre ; de l'extrémité de Samos on ne voit plus ses maisons peintes, et la baie même de Latmos a disparu depuis que les alluvions ont changé le rivage.

Et comme la cité parfumée de l'odeur des roses et des pins, la tendre histoire de Bacchis et de Plangôn aurait été effacée de la terre si Théophile Gautier ne l'eût amoureusement recueillie. Il la transplanta pour la faire refleurir ; il précisa les contours un peu frustes de ses personnages, et les éclaira de lumières magnifiques et vivantes. Il supposa que Plangôn quitta les rives fabuleuses de l'Ionie, comme Aspasie, qui, elle aussi, était née à Milet ; il en fit la contemporaine de Périklès et d'Alcibiade, un si délicat admirateur de la beauté du corps qu'il brisa la flûte de son maître de musique, Antigenidas, parce que la distorsion de la bouche du joueur lui semblait peu gracieuse. Il donna au jeune homme de Kolophôn le nom de Ctésias, et ne laissa sans doute Bacchis dans son île de Samos que pour faire voguer vers elle l'amant éploré sur la superbe trirème *l'Argo*. Il rendit le sacrifice de Bacchis plus grave en nous disant que son collier fameux était une grosse chaîne d'or, qui faisait toute sa fortune, et il inspira au cœur de Plangôn une délicieuse émotion où sa jalousie se fond pour consentir au partage de l'amour.

Nous savons peu de chose sur Plangôn de Milet. Timoklès la nomme, déjà vieille, entre Nannion et Lykê. Anaxilas, un autre poète comique, l'invective dans *Neottis* :

Il faut voir, pour commencer, d'abord Plangôn ;
Semblable à la Chimère, elle incendie les barbares.
Mais un seul chevalier lui a ôté la vie :
Il a emporté tous ses meubles et a quitté sa maison.

L'aventure du chevalier n'est pas surprenante, si Plangôn l'avait aimé. Seulement il ne faut pas croire Anaxilas. Il n'avait aucune indulgence pour les hétaïres. A ses yeux, Sinôpê, c'est l'Hydre ; Gnathaina, la Peste ; Phrynê, Kharybde ; et Nannion, Skylla ; elles sont toutes bien vieilles, et semblent des « sirènes épilées ». Tenons-nous en plutôt au récit d'Athénée, où Plangôn est charmante. Plangôn devait être son surnom. C'est ainsi qu'on appelait des poupées de cire faites à l'image d'Aphrodite.

Il est plus aisé de deviner l'histoire de la Samienne Bacchis. Elle était joueuse de flûte et elle avait été esclave de la grande hétaïre Sinôpê. Affranchie et devenue riche, elle eut pour esclave Pythioniké, qui devint hétaïre à son tour, et ruina l'opulent Macédonien Harpale. Sinôpê tenait une espèce d'école d'hétaïres, à la manière d'Aspasie. Elle était Thrace, et elle amena toutes ces femmes qu'elle avait instruites d'Égine à Athènes. Voilà ce que rapporte l'historien Théopompe dans une lettre qu'il écrivit au roi Alexandre. Sinôpê avait deux filles. L'une, Gnathaina, devint hétaïre aussi. L'autre (elle n'a pas laissé de nom) eut une fillette, Gnathainion, à qui sa tante servit de marraine et d'éducatrice. Il faut penser que Bacchis, tandis qu'elle était l'esclave de Sinôpê, fut la compagne de Gnathaina. Cette Gnathaina avait une grande réputation d'esprit. On a conservé beaucoup de ses bons mots. Elle fut l'amie du poète comique Diphile, rival de Ménandre et de Philémon. Ceci nous permet de fixer l'époque où vécurent Bacchis et Plangôn. Elles durent se connaître et s'aimer vers la fin du ive siècle avant Jésus-Christ. On ne put conter leur histoire dans les soupers du temps de Périklès, et Alcibiade ne les vit point : elles naquirent seulement cent ans après.

Les histoires des courtisanes sont toutes pleines d'anecdotes sur Gnathaina. Car les courtisanes d'Athènes ont eu leurs poètes, leurs historiens et leurs peintres. D'abord elles donnèrent leur nom à des comédies : *Koriannô*, de Phérécrate ; *Thaïs* et *Phanion*, de Ménandre ; *Opora*, d'Alexis. Ensuite Machon, de Sicyone, qui vécut à Alexandrie, composa sur elles des contes en vers. Machon fit jouer des pièces et fut le maître du grammairien Aristophane de Byzance. Ce grammairien, qui rythma les arguments des comédies de son grand homonyme, reçut sans doute de Machon l'idée d'écrire une histoire des hétaïres. Il recueillit les vies de cent trente-cinq d'entre elles ; mais Apollodore, Ammônios, Antiphane et Gorgias en ont nommé davantage et on assure qu'ils en oublièrent. Aristophane de Byzance négligea de mentionner une fille qu'on appelait Paroinos, et qui buvait immodérément; Euphrosynê, dont le père était foulon; Theokleia la Corneille et Synoris la Lanterne, et la Grande, et Mouron, et le Petit Miracle, et Silence, et la Mèche, et la Lampe, et Torchon. Dans le livre d'Apollodore on trouve que deux sœurs, Stagônion et Anthis, étaient connues sous le nom de « loches », parce qu'elles étaient blanches, minces, et qu'elles avaient de grands yeux. Antiphane nous apprend que Nannion était surnommée « Avant-scène » parce qu'elle portait des robes magnifiques et des bijoux splendides, mais qu'elle était laide quand elle se déshabillait. Un autre de leurs historiens n'a laissé que son nom : Kallistratos. Lyncée de Samos collectionna leurs traits d'esprit; il parle de Kalliction, qu'on appelait « la pauvre Hélène », et de Leontion, qui fut la maîtresse d'Épicure. Les peintres des courtisanes furent Pausanias, Aristide et Nicophanês. La plupart de leurs tableaux étaient dans la galerie de Sicyone, où les vit le voyageur Polémôn. Sicyone était une cité de peintres, au milieu d'une terre boisée, fertile et charmante, sur la mer Corinthienne, entourée de champs de courges et de pavots. Sitôt que les hétaïres se furent établies à Corinthe, leur légende dut venir se fixer près des lourdes fleurs du sommeil. Plus tard, Machon en reçut les derniers échos, et les porta jusque dans Alexandrie. Et ce sont les *Chries* de Machon de Sicyone qui nous donnent la juste impression des courtisanes grecques.

Machon n'était pas un poète de talent. On se demande comment il put même réussir à nouer des intrigues de comédie. Ses vers sont fort loin d'égaler des pièces du même genre qui abondèrent en France et en Angleterre au siècle dernier. Mais ils ressemblent plutôt aux poésies un peu grossières de notre moyen âge : le recueil des *Repues franches* en donnerait une assez bonne idée. Il faut avouer que les contes de Machon ne sont point délicats. Les plaisanteries y sont remplies d'équivoques et les quolibets des halles sont bien au-dessus de la bassesse d'une conversation entre Lamia et Démétrios de

Phalère. Machon a choisi pour héroïne Gnathaina. C'est à elle qu'il attribue presque tous les mots qu'on trouvait spirituels. Ce sont en général des injures de filles. Il paraît que Diphile ne pouvait se passer de la société de Gnathaina, et de son côté elle semble avoir eu quelque sentiment pour lui. Les jours d'insuccès au théâtre, Diphile courait se faire consoler chez son amie. Mais, à en juger par les récits de Machon, elle ne lui apprenait pas la poésie, comme Aspasie avait enseigné la rhétorique à Périklès. Gnathaina, élevée avec l'esclave de sa mère, dut avoir sur Bacchis quelque influence. Nous devons donc nous résigner à voir dans Bacchis de Samos une femme un peu vulgaire. Ce n'est pas pour déprécier sa bonté. Au contraire, elle dut se sacrifier franchement à Plangôn comme une brave fille qui a le cœur sur la main. Mais on aurait tort d'évoquer, pour l'histoire de la Poupée et de cette joueuse de flûte, les noms d'Aspasie, de Phryné ou de Laïs. Il est vrai que ces grands noms sont bien enveloppés de fictions. Nous ne saurions oublier qu'elles furent les amies de Périklès, d'Hypéride, d'Aristippe, de Diogène et de Démosthène. Pourtant, à en croire Aristophane, la savante Aspasie entretenait dans sa maison non pas des hétaïres, mais des filles de condition plus vile, qu'il appelle *pornaï*. Epikratès, dans son *Anti-Laïs*, montrait une vieille courtisane devenue oisive et aimant à boire. Phryné fut vieille aussi, avec Plangôn et Gnathaina, au témoignage de Timoklès. Ce ne sont pas là des images gracieuses. Mais il est bien difficile d'avoir quelque certitude sur tout cela. En effet, un scoliaste du *Plutus* et Athénée (XIII, LV) sont en contradiction avec Epikratès. Ils content la mort tragique de Laïs, encore jeune et belle. Laïs était née à Hykkares, en Sicile. Les uns disent qu'elle y fut prise, âgée de sept ans, pendant l'expédition de Nikias, et qu'un Corinthien l'acheta pour l'envoyer à sa femme; d'autres, que sa mère Timandre fut donnée au poète dithyrambique Philoxène par Denis le Tyran, vint à Corinthe avec Philoxène et y fut célèbre, mais que Laïs devint plus fameuse qu'elle. On connaît d'ailleurs la vie de Laïs à Corinthe. Mais elle s'éprit d'un certain Euryloque, Aristonikos (ou Pausanias) et le suivit en Thessalie. D'autres Thessaliens devinrent amoureux d'elle : ils arrosaient de vin les marches de sa porte. Les femmes thessaliennes, jalouses, s'indignèrent. Le jour de la fête d'Aphrodite, où les hommes n'ont point accès au temple, elles se ruèrent sur Laïs et l'écrasèrent avec les escabeaux en bois du sanctuaire. Ainsi fut tuée, devant sa déesse, Laïs qui avait introduit à Corinthe le service des hiérodoules, esclaves sacrées d'Aphrodite. On voit combien toutes ces aventures des courtisanes sont contradictoires et vagues. Il est malaisé de dégager nettement leur personnalité parmi tant de confusion. Cependant, les récits de Machon doivent peindre assez exactement le genre de vie et l'esprit des femmes qui entouraient Gnathaina. Et nous ne risquons guère de nous tromper en pensant que Plangôn et Bacchis n'étaient point très différentes. C'étaient de jolies filles grossières, aux élans généreux, un peu bestiales, sans doute, comme d'autres qui vivaient dans le même temps, Kallistô la Truie, Nikô la Chèvre, et Hippè la Jument.

II

Si Bacchis et Plangòn n'eurent pas l'esprit relevé, elles furent du moins capables d'abnégation et de tendresse. Elles en avaient eu de grands exemples. L'hétaïre Leaina, qui fut amoureuse d'Harmôdios, se laissa mettre à la torture par les bourreaux d'Hippias, et se coupa la langue, dit-on, afin de ne pas déclarer le nom de son amant parmi ses cris de douleur. Mais il y a une femme mieux connue et dont l'histoire fait songer davantage à celle des deux hétaïres de Samos et de Milet. C'est Théodota, qui fut l'amie d'Alcibiade. Théodota était Athénienne, et elle connut Socrate. Xénophon nous fait là-dessus, dans les *Mémorables*, un précieux récit où il montre très bien ce qu'était une courtisane grecque de son temps. Quoique Plangòn et Bacchis aient vécu plus tard, elles ne durent pas être différentes. Le portrait de Théodota nous servira pour nous les représenter.

Ainsi qu'on l'a vu, la fille d'une hétaïre devenait souvent courtisane elle-même, aussi bien que les jeunes esclaves de la maison. Il y avait là une sorte de tradition qui dura près d'un siècle. L'origine de leurs mœurs était presque divine, et le souvenir religieux les maintint dans une caste assez uniforme. Diverses traditions prétendent que ce fut Solon qui les fit venir à Athènes. Mais auparavant elles se consacraient au service d'Aphrodite dans les cités ioniennes. On avait élevé des temples d'Aphrodite Hétaïre à Magnésie, à Abydos, à Milet, à Éphèse, et on y célébrait annuellement sa fête. En Grèce, ces fonctions sacrées furent établies d'abord à Corinthe où les hétaïres hiérodoules étaient des esclaves affranchies qui se vouaient au culte de la déesse. Voilà d'où vint sans doute la grande renommée des courtisanes corinthiennes. Quant à l'aspect religieux que les hétaïres conservèrent si longtemps, il devait être extrêmement ancien. Pythagore, qui fut l'initiateur d'un dogme, semble avoir admiré dès le vi[e] siècle les hiérodoules de Samos, où on adorait Aphrodite sous deux noms, « l'Aphrodite des roseaux » et « l'Aphrodite des marécages ». En effet, lorsqu'il fit à ses disciples le récit de ses métamorphoses passées, il prétendit qu'il avait été d'abord Euphorbe, puis Pyrandre, ensuite Kallikléé, mais que, dans sa quatrième vie, il était apparu sous la forme d'une courtisane au beau visage, nommée Alkê. Ces souvenirs sacrés donnèrent aux hétaïres un privilège qu'elles se transmettaient de mère en fille, d'éducatrice en esclave ; et à part les grandes amoureuses qui allumèrent les guerres ou qui troublèrent la République, il faut s'attendre à trouver chez la plupart d'entre elles les mêmes traits de caractère. Or la manière dont Bacchis vécut avec Plangôn et son amant de Kolophôn ressemble tout à fait à la vie que mena Théodota auprès d'Alcibiade et de Timandre.

Alcibiade eut toujours infiniment de goût pour les courtisanes. Le fameux rapt que firent les gens de Mégare de deux filles qui appartenaient à Aspasie n'était qu'une vengeance dont Alcibiade était la cause. Il avait fait enlever une courtisane de Mégare, nommée Simaitha. Mais il ne la garda pas longtemps. Au contraire la Sicilienne Timandre, mère de Laïs, ne le quitta plus, dès qu'il l'eut aimée. Une note très brève nous apprend qu'Alcibiade emmenait toujours avec lui Timandre et Théodota. Elles acceptèrent, comme Plangôn et Bacchis, un amour en commun. L'Athénienne et la Sicilienne sacrifièrent toute jalousie à leur amant. Mais la fin de leur histoire fut plus tragique que celle de la Milésienne et de la fille de Samos. Après la prise d'Athènes par Lysandre, Alcibiade, redoutant le gouvernement des Trente, se réfugia en Phrygie, où il se logea dans une maison du petit bourg de Mélissa. Il y vivait paisiblement entre Timandre et Théodota. Cependant Lysandre obtint de Pharnabase, satrape de Phrygie, la promesse qu'il ferait tuer Alcibiade. Une nuit, des soldats barbares cernèrent la maison. Alcibiade rêvait, dans les bras de Timandre, qu'elle venait de lui passer une robe de femme, et qu'elle le coiffait et le fardait. Puis une odeur de fumée âcre l'éveilla. Les barbares avaient mis le feu aux quatre coins des murs. Alcibiade, à moitié nu, roula son manteau autour de son bras gauche, et se rua au milieu des assaillants, l'épée au poing. Ils n'osèrent approcher et l'abattirent à coups de flèche. Le corps gisait devant la maison fumante. Timandre et Théodota le soulevèrent, le lavèrent, le roulèrent dans un linceul et l'ensevelirent de leurs mains. Plutarque attribue cette action à Timandre; Athénée à Théodota; c'est la preuve qu'elles l'accomplirent toutes deux. Elles restèrent unies pour honorer leur amant mort. Il était dangereux de donner la sépulture à ceux qui étaient tués par ordre politique. Ces deux simples filles bravèrent le danger. On s'imagine volontiers qu'après de longues années d'amour le jeune homme de Kolophôn fut couché dans son sarcophage entre les corps aimés de sa chère Bacchis et de sa chère Plangôn. Il n'y eut rien pour interrompre leur félicité jusqu'au jour où la Moïre les réclama. Tel ne fut pas le sort d'Alcibiade. Des mains tendres et chéries l'allongèrent seul dans sa tombe à Mélissa, et on ne sait ce que devinrent Timandre et Théodota. Une statue en marbre de Paros marquait encore, au temps d'Athénée, dans l'humble bourg de Phrygie, leur œuvre de pieux dévouement et d'amour sans jalousie.

Or cette Théodota, dont le dévouement passa la mort d'Alcibiade, n'était pas une fille d'intelligence ou d'esprit. Athénée dit que la forme de sa gorge était parfaite. Xénophon, qui l'avait vue, ne la décrit point, mais assure que sa beauté excédait toute expression, et que les peintres venaient la supplier de leur servir de modèle. C'est ainsi que la curiosité de Socrate fut excitée. Il voulut la voir. Il la trouva qui posait justement devant un peintre. Sa mère était assise près d'elle, fort convenablement habillée par ses soins, et il y avait de jolies servantes dans la chambre. La pauvre fille répondit à Socrate avec beaucoup de simplicité. Il lui demanda si elle avait des champs, des revenus, ou des ouvrières. Théodota, surprise, dit que non. Alors Socrate la pria de lui expliquer de quoi elle payait son train de maison. « Quand je trouve un ami, » dit bonnement Théodota, « qui veut bien être gentil, voilà comment je vis. » Aussitôt Socrate lui démontra qu'il ne fallait point attendre qu'un ami vînt « au vol, comme une mouche », mais que son artifice devait s'appliquer à chasser les amis, à les faire tomber dans ses filets, à se refuser pour se faire désirer, à leur donner faim pour qu'ils eussent envie d'elle. « Quels artifices, » disait Théodota, « quelle chasse, quels filets, quelle faim ? » Elle ne comprenait rien à toutes ces subtilités. Elle crut que Socrate lui proposait de lui aider à trouver des amis. Elle l'en pria ingénument. Elle ne voyait pas qu'elle servait au philosophe de texte à apologue. « Veux-tu m'aider à chercher des amis ? » lui dit-elle. — « Si tu me le persuades, » répondit Socrate. — « Mais comment faire ? » —« Cherche, et tu trouveras. » Théodota réfléchit. Elle ne put imaginer d'autre réponse que celle dont elle avait une grande expérience. « Il faut venir souvent me voir, » lui dit-elle. — « Ah ! » répondit Socrate, « c'est que je ne suis pas très libre ; j'ai mes occupations, et puis les affaires publiques ; et puis j'ai des amies, moi aussi, qui ne me permettent de les quitter ni le jour, ni la nuit, parce que je leur apprends des philtres et des incantations. » Ici la bonne fille eut l'idée, à sa manière, de la science du philosophe. « C'est vrai, » dit-elle, « que tu connais ces choses, Socrate ? » — « Mais comment donc penses-tu que je m'y prendrais pour garder mon ami Apollodore ou Antisthène, ou pour faire venir de Thèbes Cébès et Simmias? Sois sûre que je n'y parviens pas sans beaucoup de philtres et d'incantations et de torcols magiques. » — « Alors, prête-moi ton torcol magique pour que je t'attire. » — « Non, je ne veux pas être attiré, je veux que tu viennes me trouver. » — « Mais je viendrai bien, » dit la simple Théodota : « seulement me recevras-tu? » — « Je te recevrai, » dit Socrate, « si je n'ai pas là dedans quelque amie plus chère. »

La pauvre Théodota dut être bien mystifiée. Elle crut assurément que Socrate avait chez lui une courtisane plus jolie qu'elle. Elle ne sut point que Socrate parlait de son âme. Et le railleur impitoyable n'essaya pas de la détromper. Quelquefois Socrate s'amusait à faire jaillir l'idée divine qu'il croyait innée aux plus ignorants. On voit dans le *Ménon* comment il prétendait avoir fait démontrer à un esclave qui ne savait rien le théorème du carré de l'hypoténuse. Mais il quitta la courtisane sans lui avoir révélé l'idée de l'amour. Peut-être il vit que c'était inutile. Théodota la connaissait par instinct bien mieux que Socrate par dialectique. Elle n'eut besoin d'aucun artifice pour rester fidèle à Alcibiade et à sa dépouille. Toutes les subtilités du moraliste n'auraient pu lui apprendre à rouler tendrement dans un linceul le corps sanglant de son ami. Elles n'auraient point appris davantage à Bacchis qu'il fallait sacrifier son beau collier d'or à une rivale pour que le jeune homme de Kolophòn ne mourût pas de douleur. Car Bacchis et Plangôn durent être semblables à Théodota. Élevées grossièrement, n'ayant pas l'esprit plus raffiné que cette simple fille, elles furent bonnes comme elle, et comprirent l'amour de même. Elles sont plus touchantes dans cette innocence que la savante politicienne Aspasie.

SAINT JULIEN L'HOSPITALIER

V

SAINT JULIEN L'HOSPITALIER

On ne connaît ni le pays de Julien ni le temps où il vivait. Jacques de Voragine fixe sa fête au 27 janvier, tandis que d'ordinaire on la célèbre le 20 ; mais en Italie, en Sicile et en Belgique, elle tombe le 12 février, près de Barcelone, le 28 août.

Ferrarius, dans le catalogue des saints d'Italie, affirme qu'on honore saint Julien dans le diocèse d'Aquilée, en Istrie; Domeneccus, dans *l'Histoire des saints de Catalogne*, cite la vénération qu'on a pour lui au bourg de Del Fou, qui fait partie du diocèse de Barcelone ; en Belgique, les hôpitaux étaient placés sous son invocation, et on l'adorait pareillement à la bonne *Landgraefin* sainte Élisabeth ; enfin on a imaginé qu'il aurait pu vivre chez les Carnes, en Vénétie, parce que les fleuves y sont tumultueux et dangereux au passage.

Maurolycus rapporte qu'on le représentait en Sicile sous les vêtements et l'attirail d'un chasseur ; tandis qu'en Belgique les peintres en faisaient un chevalier ou un seigneur, avec une petite barque à la main et un cerf à son côté ; on trouve enfin son histoire, « telle à peu près » que l'écrivit Flaubert, sur un vitrail de la cathédrale de Rouen.

La vie de Julien a été recueillie dans la Légende Dorée, par Jacques de Voragine, évêque de Gênes (mort en 1298), et c'est le même texte, sauf d'insignifiantes variations, qu'on pouvait lire dans saint Antonin et dans le *Speculum historiale* de Vincent de Beauvais (mort vers 1264). Nous n'avons pas d'autres documents sur saint Julien ; et la diversité de ses insignes et de ses fêtes ne permet pas de conjectures sur sa patrie, sur le siècle où il vécut, sur la noblesse de sa race. La tradition religieuse, pour lui, est brève et obscure.

Voici la légende, telle qu'on la trouve dans saint Antonin :

Vie de saint Julien l'Hospitalier tirée de saint Antonin

Un jour que Julien allait à la chasse, étant jeune homme et noble, il rencontra un cerf et se mit à le poursuivre.

Soudain le cerf se retourna vers lui et dit :

— Pourquoi me poursuis-tu, toi qui seras meurtrier de ton père et de ta mère ?

A ces paroles, Julien fut frappé de stupeur. Et afin qu'il ne lui arrivât pas ce que le cerf avait prédit, il s'enfuit et abandonna tout. Il alla vers une région très lointaine, où il s'attacha au service d'un prince. Là il se conduisit avec tant de vaillance à la guerre et au palais que le prince le fit chevalier et lui donna pour femme une noble veuve châtelaine, qui lui apporta son château en dot.

Cependant les parents de Julien, éplorés d'amour pour leur fils, erraient, vagabonds, à sa recherche. Ils parvinrent enfin au château fort que commandait Julien. Mais Julien se trouvait absent. Sa femme les vit et leur demanda qui ils étaient. Et eux lui racontèrent ce qui était arrivé à leur fils et comment ils voyageaient pour le chercher. Alors elle comprit que c'étaient les parents de Julien, d'autant que son mari lui avait souvent dit les mêmes choses. Et elle les reçut avec honneur et leur donna sa propre couche pour s'y reposer, et se fit préparer un autre lit. Le matin venu, la châtelaine alla à l'église, laissant dormir dans son lit les parents de Julien, lassés. Cependant Julien, rentrant chez lui, et, pénétrant dans la chambre nuptiale afin de réveiller sa femme, y trouva ses parents qui dormaient. Mais il ne savait pas que c'étaient ses parents : et ayant soupçonné tout d'un coup que sa femme était couchée là avec un amant, il tira silencieusement son glaive et les égorgea tous deux.

Puis il sortit du château et rencontra sa femme qui revenait de l'église. Et il lui demanda qui étaient ces gens qu'il avait trouvés dans son lit. Elle lui dit que c'étaient ses parents qui très doucement le cherchaient et qu'elle avait avec grand honneur reçus dans sa propre chambre.

Alors Julien manqua de se pâmer et commença à pleurer très amèrement, disant : « Malheur à moi, qui viens d'égorger mes très doux parents! Que ferai-je? Voici qu'elle est accomplie, la parole du cerf; et j'ai trouvé ici le crime dont la peur m'a fait fuir ma maison et ma patrie. Adieu donc, ma très douce sœur; car je ne prendrai plus de repos que je ne sache si Dieu a agréé mon repentir. »

Et la femme de Julien lui dit : « Oh! non, mon très doux frère, je ne t'abandonnerai pas; mais puisque j'ai pris ma part de tes joies, je prendrai ma part de tes douleurs et de ta pénitence. »

Ils quittèrent le pays. Près d'un grand fleuve très périlleux à traverser, ils construisirent un grand hôpital. Et là ils restèrent leur temps de pénitence, et ils servaient de passeurs à ceux qui voulaient traverser le fleuve, et ils donnaient l'hospitalité aux pauvres,

Et beaucoup de temps après, une nuit que Julien, lassé, reposait (la gelée dehors était intense), il entendit une voix qui pleurait et se lamentait et criait : « Julien! Fais-moi passer le fleuve! » Julien, réveillé, se leva et trouva un homme qui déjà défaillait de froid. Il le porta dans sa maison, alluma du feu pour le réchauffer, et le fit coucher dans son lit, sous ses propres couvertures. Et un peu après, celui qui avait paru d'abord si faible et comme lépreux devint rayonnant et s'éleva vers le ciel. Et il dit à son hôte :

— Julien, le Seigneur m'a envoyé vers toi pour te montrer qu'il a accepté ta pénitence (c'était un ange du Seigneur) et dans peu de temps vous reposerez tous deux dans le Seigneur.

Et ainsi il disparut.

Et peu de temps après, Julien et sa femme, pleins d'aumônes et de bonnes œuvres, rendirent leurs âmes au Seigneur.

Telle est la vie de saint Julien consacrée par la religion. Petrus, *De natalibus*, liv. III, c. 116, ajoute :

« Et parce qu'il fut l'hôte des pauvres et des pèlerins, les voyageurs l'invoquent pour trouver bon gîte sous le nom de Julien l'Hospitalier. »

Et saint Antonin :

« On récite donc en son honneur le *Notre Père* ou une autre oraison quand on demande bon gîte et protection contre les périls. »

C'est l'oraison de saint Julien. On la récitait ordinairement au temps de Boccace, ainsi qu'il apparaît d'un conte équivoque du *Decamerone* que La Fontaine a imité.

II

La tradition religieuse ne nous donne rien de précis sur Julien l'Hospitalier. Ce n'est pas un saint martyr. Ce n'est pas un saint local, et nous ignorons près de quel fleuve dangereux il put construire son hôpital. Car l'invention de Ferrarius, où il suppose que peut-être Julien aurait vécu en Vénétie parmi les Carnes, est réfutée par les Bollandistes. Et si on l'a adoré en Belgique, en Istrie, en Sicile et en Catalogne, il ne paraît pas qu'aucun récit affirme sa présence en ces pays. Tantôt il est peint comme un chasseur, tantôt comme un passeur de rivière, tantôt avec le cerf qui lui annonça son crime. Il ne faut pas s'attacher davantage aux termes de *Chevalier*, de *Château fort* et de *Châtelaine*, qui nous fixent tout au plus la date approximative à laquelle son histoire fut rédigée. S'il avait vécu près de l'époque de saint Antonin ou de Vincent de Beauvais, dans le temps ou la féodalité était établie, nous saurions son pays et le nom du prince au service duquel il entra.

Mais les vies des saints ont été composées souvent avec des éléments étrangers à l'hagiographie. La légende des saints Barlaam et Josaphat, qui figure avec celle de Julien dans le *Speculum historiale* de Vincent de Beauvais et dans la *Legenda Aurea* de Jacques de Voragine, est l'adaptation de la vie de Siddârtha, ou de Bouddha, ainsi qu'il a été reconnu par Laboulaye, Liebrecht, Max Muller et Yule. M. Amélineau a pu extraire de l'hagiographie copte deux volumes de contes chrétiens d'Égypte. Les histoires populaires qui servaient à Aristophane se retrouvent encore partiellement dans les vies des saints russes.

Si on examine à ce point de vue la légende de Julien, on y reconnaît aussitôt les caractères déterminants d'un conte populaire. Le thème général est l'histoire d'un homme qui accomplit par destinée un meurtre involontaire, et dans ce thème général sont compris trois thèmes épisodiques : un oracle est prononcé par un animal ; le héros est condamné, en expiation de son crime, à devenir passeur sur une rivière ; un ange vient éprouver sa charité sous la forme d'un pauvre ou d'un lépreux.

On sait que l'idée générale d'un conte populaire est exprimée par différents thèmes épisodiques qui varient et se combinent diversement suivant les temps, les nations ou les provinces.

Or, parmi les contes populaires que nous connaissons, aucun ne reproduit la combinaison de thèmes qui se trouve dans l'histoire de Julien. Mais il arrive souvent qu'un conte emprunte des thèmes à un conte qui appartient à un autre cycle. M. Cosquin en a donné des exemples dans sa belle étude du *folklore* de Lorraine.

Il suffira donc de comparer les épisodes de l'histoire de Julien à d'autres épisodes recueillis parmi les cycles du *folklore* pour s'assurer de l'origine populaire de cette admirable légende. Peut-être trouvera-t-on plus tard dans la littérature orale une construction où les épisodes du conte seront disposés dans le même ordre. Et comme l'histoire de Julien devait être fort ancienne déjà, puisque son origine était oubliée lorsqu'elle entra, au xiiie siècle, dans le *Speculum historiale*, on peut imaginer qu'elle représente pour nous un type archaïque dont les éléments ont été plus tard démembrés. Elle faisait sans doute partie d'un cycle d'autres contes analogues. Enclavée dans la littérature religieuse, c'est l'unique variante qui nous reste.

Le thème général du conte est absolument identique aux thèmes de l'histoire d'Œdipe, du prince Agib, du troisième calandar des *Mille et une Nuits*, et de la *Belle au Bois dormant*. Œdipe est contraint par un oracle à tuer son père Laïos ; on l'expose ; on l'écarte du pays ; malgré toutes les précautions, il accomplit la prédiction à son insu. Les astrologues ont annoncé au père d'un jeune homme que son fils serait assassiné à l'âge de quinze ans par le prince Agib. Le vieillard fait enfermer son enfant dans un souterrain, au milieu d'une île. Agib aborde dans l'île, découvre la cachette, devient l'ami du jeune homme ; et, à l'heure assignée, le cinquantième jour, au moment où il va prendre un couteau pour découper un melon au sucre, son pied glisse, et il frappe l'enfant au cœur. Enfin, dans le conte de Perrault, une fée prédit que la petite princesse se percera la main d'un fuseau, et qu'il y aura de cruelles conséquences. Le roi interdit de filer dans son royaume. Pourtant, la belle trouve une vieille femme au rouet, dans un donjon, joue avec le fuseau, se blesse, et l'oracle s'accomplit fatalement. C'est la forme affaiblie du même thème de *folklore* : et on se souvient que la première fée annonce que la belle mourra de sa blessure.

Dans l'histoire de Julien, l'oracle est prononcé par un animal et c'est la caractéristique du premier épisode. Ici les rapprochements seraient innombrables et oiseux. C'est l'inverse du thème que les folkloristes ont coutume d'appeler le « thème des animaux reconnaissants ». Nous sentons bien que l'histoire de Julien est mutilée à cet endroit, sous sa forme primitive. On ne nous dit point que Julien commit une mauvaise action en allant à la chasse. Au contraire, le texte sacré explique : *cum Julianus quâdam die venationi insisteret, ut juvenis et nobilis*. Le cerf ne se plaint pas. Il se retourne simplement, et dit : *Tu me sequeris, qui patris et matris tuœ occisor eris?*

Il faut donc supposer — puisque la cruauté de Julien ne saurait être mise en cause — que dans le type archaïque du conte le cerf était un homme métamorphosé. Car telle est l'apparence de tous les animaux qui font de semblables prédictions dans les contes populaires. Et on trouve là probablement l'influence d'une tradition indoue et de nombreux apologues religieux qui illustrent la doctrine de la métempsychose.

Après l'oracle, Julien se cache et s'enfuit,

pour échapper au destin. C'est l'épisode des précautions, qu'on retrouve avec des variantes dans les contes grec, arabe et français.

L'oracle s'accomplit et Julien devient, par pénitence, passeur sur une rivière. Nous reconnaissons là un épisode que nous retrouvons non seulement dans la légende de saint Christophe, mais encore dans un conte recueilli par les frères Grimm, *le Diable aux trois cheveux d'or*. Le héros du conte trouve sur son chemin une grosse rivière qu'il lui faut traverser. Le passeur lui explique qu'il est contraint de mener incessamment sa barque de l'un à l'autre bord et le supplie de vouloir bien le délivrer. Le héros fait interroger à ce sujet le diable. La réponse, c'est qu'il suffira au passeur de placer sa gaffe dans la main de son premier passager : alors il sera libre, et l'autre sera damné à son tour. Grâce aux péripéties du conte, le premier passager se trouve être un méchant roi. Le passeur fait ainsi qu'on lui a dit; et « désormais, dit le conte, le roi est passeur sur la rivière en punition de ses péchés ».

Quant à la légende de saint Christophe, elle

est formée d'éléments si semblables à ceux dont fut composée celle de Julien qu'il faut citer toute la partie commune. Voici l'admirable traduction de frère Jehan du Vignay, publiée en 1554.

« L'hermite dit à Christofle :
— Sçais-tu tel fleuve ?
Et Christofle lui dist :
— Moult de gens y passent qui y périssent.
Et l'hermite lui dist :
— Tu es de noble stature et fort vertueux ; se tu demouroys delez ce fleuve et passoys tous les gens, ce seroit moult aggreable chose à Dieu. Et i'ay esperance à celluy que tu convoites servir qu'il s'apparoistra à toy.
Et Christofle luy dit :
— Certes ce service puis-ie bien faire, et si te promets que ie le feray.
Adonc s'en alla Christofle à ce fleuve et feit là un habitacle pour luy ; et portoit une grande perche en lieu de baston et s'apuyoit en l'eaue d'icelle, et portoit oultre toutes gens sans cesser et là fut plusieurs iours.

Et si comme il se dormoit en sa maisonnette, il ouït la voix d'un enfant qui l'appelloit et disoit :

— Christofle, viens hors, et me porte oultre.

Et lors s'esveilla, et il yssit hors, mais ne trouva âme. Et quant il fut en la maison, il ouyt arriere une mesme voix et courut hors et ne trouva nul. Tiercement il fut appelé et vint là ; si trouva un enfant delez la rive du fleuve qui luy pria doulcement qu'il le portast outre l'eaue. Et lors Christofle leva l'enfant sur ses espaules et print son baston et entra au fleuve pour le passer oultre ; et l'eaue s'enfla petit à petit, et l'enfant pesoit griefvement comme plomb. Et tant comme il alloit plus avant, de tant croissoit plus l'eaue et l'enfant pesoit de plus en plus sur ses espaules, si que Christofle avoit moult grans angoisses, et se doubtoit fort de noyer. Et quant il fut eschappé à grand'peine et il fut passé oultre, il mit l'enfant sur la rive et lui dist :

— Enfant, tu m'as mis en grant péril et pesois tant que si i'eusse eu tout le monde sur moy, ie ne sentisse à peine greigneur faix.

Et l'enfant respondit :

— Christofle, ne te esmerveille pas : car tu n'as pas seulement eu tout le monde sur toy — mais celluy qui créa tout le monde tu as porté sur tes espaules. Je suis Christ ton roy à qui tu sers en ceste œuvre. Et affin que tu saches que ie dis vray, quand tu seras passé, fische ton baston en terre delez la maisonnette, et tu verras demain qu'il portera fleur et fruictz.

Et tantost il se esvanouit de ses yeulx.

Lors Christofle alla et fischa son baston en terre, et quand il se leva au matin, il le trouva ainsi comme un palmier, portant fueilles et fruict. »

C'est là essentiellement la même combinaison thématique que dans la seconde partie de l'histoire de Julien. Mais l'épisode du passeur y est joint à l'épisode de l'inconnu qui se trouve être un ange ou le Seigneur. Dans les *Contes populaires de la Gascogne*, l'épisode du pauvre ressemble vivement à la variante de l'histoire de Julien (1).

(1) J.-F. BLADÉ, *Contes pop. de la Gascogne*, I, 6.

C'est un fils de roi qui cherche l'épée de saint Pierre.

« A minuit il s'arrête tout proche d'une rivière. Au bord de l'eau grelottait un vieux pauvre à barbe grise.

— Bonsoir, pauvre. Mauvais temps pour voyager. Tu grelottes. Tiens : bois un coup à ma gourde, cela te réchauffera.

Le vieux pauvre but un coup à la gourde, et ne grelotta plus.

— Merci, mon ami. Maintenant porte-moi de l'autre côté de l'eau.

— Avec plaisir, pauvre. Monte sur mon dos et tiens-toi ferme. Jésus ! tu ne pèses pas plus qu'une plume.

— Patience, je pèserai davantage au milieu de l'eau.

— C'est vrai. Jésus ! tu m'écrases !

— Patience, sur l'autre bord je ne pèserai pas plus qu'une plume.

— C'est vrai. Tiens, pauvre, te voilà passé. Bois encore un coup à ma gourde et que le bon Dieu te conduise !

— Jeune homme, je ne suis pas un pauvre, je suis saint Pierre. Jeune homme, tu m'as fait un grand service. Je te paierai selon mon pouvoir... »

Dans un autre conte de la même collection (1), la belle Madeleine rencontre trois vieux pauvres au bord d'une rivière, elle les passe sur son dos. Puis les trois vieux pauvres se trouvent être saint Jean, saint Pierre et le bon Dieu. Ils promettent à la belle Madeleine de récompenser sa charité.

Malheureusement, pour ces deux derniers exemples, nous nous trouvons dans une grande incertitude. Il est impossible d'assurer que les deux contes de Gascogne n'ont pas été influencés par l'hagiographie. C'est peut-être là tout simplement une variante de la légende de saint Christophe, redevenue populaire. Il ne faut pas omettre de remarquer pourtant que saint Christophe lui-même n'a d'existence qu'en vertu de cet épisode de sa légende, puisque son nom est Χριστόφορος — celui qui porte le Christ. C'est là une forte présomption pour croire que ce personnage a été véritablement créé dans le domaine du *folklore*.

(1) J.-F. Bladé, *Contes pop. de la Gascogne*, II, III, 3.

Et l'histoire de Julien n'a sans doute point d'autre origine. Gustave Flaubert, qui en fit un conte si riche, la recueillit à peine entr'ouverte, comme une timide fleur du peuple. C'est une églantine sauvage près de la somptueuse chair de velours d'une rose cultivée. Il faut se pencher très bas pour ne pas perdre son parfum. Elle naquit parmi d'autres contes qui ne sont pas chrétiens, où les bêtes et les prêtres prononcent des oracles, où les fils de rois sont enfermés dans des tours solitaires pour échapper aux prédictions, où les héros criminels sont condamnés à passer éternellement les voyageurs sur des rivières tumultueuses, où les pauvres et les lépreux sont reconnaissants et divins. Elle est si lointaine et si humble que tout y est incertain.

III

« Et voilà l'histoire de saint Julien l'Hospitalier, dit Gustave Flaubert, telle à peu près qu'on la trouve sur un vitrail d'église, dans mon pays. »

C'est un vitrail de la cathédrale de Rouen, et M. Langlois en a publié un dessin dans ses collections. Lorsque Flaubert donna la *Légende de Saint Julien* à son éditeur, il lui écrivit pour lui demander de reproduire à la fin du livre la pieuse composition normande. Mais il avait peu d'estime pour le vitrail de Rouen. Il voulait faire admirer au lecteur l'extraordinaire différence qu'on trouve entre le conte orné splendidement et la naïve image provinciale. L'éditeur ne put réaliser le désir de Flaubert. Aujourd'hui encore, nous avons peine à imaginer la miraculeuse transformation d'art et de style qui habilla de pourpre et d'or ces simples figures, qui suspendit à des parois de palais les sanglantes tapisseries de chasses et de batailles, qui fit d'un lépreux aux lèvres bleuâtres un saint aux yeux d'étoiles, dont les narines soufflaient l'odeur de la rose.

Il faut lire le conte de Julien dans la *Légende dorée* pour apprécier le génie de transformation de Gustave Flaubert.

Julien, dans le récit du *folklore*, n'a aucun caractère personnel. C'est un homme soumis au destin, et qui n'est point coupable. Il n'éprouve pas l'impérieux besoin de solitude de ceux qui ont l'âme criminelle. Voilà pourquoi il accepte de partager la pénitence avec sa femme, « sa très douce sœur, » qui ne l'abandonne pas et qui meurt saintement avec lui. Julien, dans le conte de Flaubert, se présente devant sa femme après le meurtre : « Et d'une voix différente de la sienne, il lui commanda premièrement de ne pas lui répondre, de ne pas l'approcher, de ne plus même le regarder. » Seul, il subit un châtiment qui n'est pas immérité.

Car Julien, ainsi que l'a conçu Flaubert, a la passion voluptueuse du sang. Elle le saisit tout jeune. Il commence par le meurtre d'une souris pendant la messe. « Chaque dimanche il l'attendait, en était importuné, *fut pris de haine contre elle, et résolut de s'en défaire.* » Il l'épie, une baguette à la main. « Il frappa un coup léger, et demeura stupéfait devant ce petit corps qui ne bougeait plus. »

Un peu plus tard, Julien tue un pigeon à

coups de pierres. «Le pigeon, les ailes cassées, palpitait, suspendu aux branches d'un troène. *La persistance de la vie irrita l'enfant.* Il se mit à l'étrangler, et les convulsions de l'oiseau *faisaient battre son cœur,* l'emplissaient d'une *joie tumultueuse et sauvage.* Au dernier raidissement, il se *sentit défaillir.* »

Dès lors l'amour de tuer s'élève en lui. Il a une sorte de foi destructrice. Il touche véritablement au mystère sacré qui fera de lui un saint ; car la destruction et la création ne sont-elles point sœurs ? Hanté par les spectres de ses victimes, il ira jusqu'au meurtre le plus affreux. C'est un assassinat involontaire. Et cependant il y a une seconde où il se dit : « Si je le voulais pourtant ! — Et il avait peur que le diable ne lui en inspirât l'envie. »

L'oracle du cerf devient ici une punition prononcée avec une autorité terrible :

« Le prodigieux animal s'arrêta ; et les yeux flamboyants, solennels comme un patriarche et comme un justicier, pendant qu'une cloche au loin tintait, il répéta trois fois :

« Maudit ! maudit ! maudit ! Un jour, *cœur féroce,* tu assassineras ton père et ta mère ! »

Le conte de Flaubert est plein d'apparitions. Les pauvres victimes muettes viennent reprocher à Julien sa voluptueuse cruauté. On croirait que Flaubert est allé puiser aux sources mêmes de la légende l'horreur sacrée du meurtre des animaux.

De même que l'âme de Julien a été faite humaine, le décor du conte s'est précisé. Julien vit en fils de seigneur dans un château à quatre tours avec des toits pointus recouverts d'écailles de plomb. Son père est « toujours enveloppé d'une pelisse de renard » ; quant à sa mère, « les cornes de son hennin frôlaient le linteau des portes ». Nous sommes à une époque imprécise, mais entre le xe et le xve siècle. Le Prince de la légende devient « empereur d'Occitanie ». La Châtelaine a de grands yeux noirs qui « brillaient comme deux lampes très douces. Un sourire charmant écartait ses lèvres. Les anneaux de sa chevelure s'accrochaient aux pierreries de sa robe entr'ouverte, et sous la transparence de sa tunique, on devinait la jeunesse du corps ». Le Château qu'elle apporte en dot à Julien « était un palais de marbre blanc, bâti à la moresque, sur un promontoire, dans un bois d'orangers... Les chambres, pleines de crépuscule, se trouvaient éclairées par les incrustations des murailles. De hautes colonnettes, minces comme des roseaux, supportaient la voûte des coupoles, décorées de reliefs imitant les stalactites des grottes. Il y avait des jets d'eau dans les salles, des mosaïques dans les cours, des cloisons festonnées, mille délicatesses d'architecture, et partout un tel silence que l'on entendait le frôlement d'une écharpe ou l'écho d'un soupir. » Flaubert nous décrit tous les chiens de la meute de Julien, les bêtes qu'il chassait, la manière dont il « volait le héron, le milan, la corneille et le vautour ». Au lieu que saint Antonin nous dit qu'il « se conduit avec vaillance à la guerre », nous apprenons ici qu'il combat « les templiers de Jérusalem, le suréna des Parthes, le négud d'Abyssinie et l'empereur de Calicut, les Scandinaves, des Nègres, des Indiens, des Troglodytes », et que « c'est lui, et pas un autre, qui assomma la guivre de Milan et le dragon d'Oberbirbach ».

A l'aide de ces moyens, Flaubert nous transporte parmi le luxe fabuleux du monde de la chevalerie. Cependant il n'oublie jamais que l'histoire de Julien est un conte populaire. Il y a introduit des épisodes empruntés à des contes semblables.

L'aventure qui arrive à Julien avec une épée sarrasine est toute pareille à celle du prince Agib, qui fait tomber un couteau pointu d'une haute étagère.

« Son père, le voulant réjouir, lui fit cadeau d'une grande épée sarrasine.

« Elle était au haut d'un pilier, dans une panoplie. Pour l'atteindre, il fallut une échelle. Julien y monta. L'épée trop lourde lui échappa des doigts, et en tombant frôla le bon seigneur de si près que sa houppelande en fut coupée. Julien crut avoir tué son père, et s'évanouit. »

De même que les pauvres des *Contes de Gascogne*, le Lépreux a une extraordinaire lourdeur :

« Dès qu'il entra dans la barque, elle enfonça prodigieusement, écrasée par son poids;

une secousse la remonta, et Julien se mit à ramer. »

La gradation des demandes du misérable est triple, ainsi que dans le *folklore* : J'ai faim, j'ai soif, j'ai froid ! Et il y a comme un vague souvenir de la cruauté du Loup dans le *Petit Chaperon rouge*, sous l'insistance du Lépreux : « Viens près de moi... Déshabille-toi... Réchauffe-moi ; pas avec tes mains — non — toute ta personne. »

Ainsi Gustave Flaubert a réussi à fondre et à unir dans un miraculeux émail littéraire tout l'appareil de la chevalerie avec le plus simple des contes pieux du peuple. Et parmi cette éblouissante fusion, nous voyons se dessiner les attitudes d'un Julien cruellement passionné, dont l'âme est tout près de la nôtre. C'est ainsi que les nobles poètes de l'âge d'Élisabeth créaient avec les ballades des pauvres gens de la campagne les héros que nous admirons dans leurs drames. Une des gloires de Flaubert sera d'avoir senti si vivement que la grande force de création vient de l'imagination obscure des peuples et que les chefs-d'œuvre naissent de la collaboration d'un génie avec une descendance d'anonymes.

LA TERREUR ET LA PITIÉ

VI

LA TERREUR ET LA PITIÉ

La vie humaine est d'abord intéressante pour elle-même ; mais, si l'artiste ne veut pas représenter une abstraction, il faut qu'il la place dans son milieu. L'organisme conscient a des racines personnelles profondes ; mais la société a développé en lui tant de fonctions hétérogènes qu'on ne saurait trancher ces milliers de suçoirs par où il se nourrit sans le faire mourir. Il y a un instinct égoïste de la conservation de l'individu ; il y a aussi le besoin des autres êtres, parmi lesquels l'individu se meut.

Le cœur de l'homme est double ; l'égoïsme y balance la charité ; la personne y est le contre-poids des masses ; la conservation de l'être compte avec le sacrifice aux autres ; les pôles du cœur sont au fond du moi et au fond de l'humanité.

Ainsi l'âme va d'un extrême à l'autre, de l'expansion de sa propre vie à l'expansion de la vie de tous. Mais il y a une route à faire pour arriver à la pitié, et voici comment on pourrait en marquer les étapes.

L'égoïsme vital éprouve des craintes personnelles : c'est le sentiment que nous appelons TERREUR. Le jour où la personne se représente, chez les autres êtres, les craintes dont elle souffre, elle est parvenue à concevoir exactement ses relations sociales.

Or, la marche de l'âme est lente et difficile, pour aller de la terreur à la pitié.

Cette terreur est d'abord extérieure à l'homme. Elle naît de causes surnaturelles, de la croyance aux puissances magiques, de la foi au destin que les anciens ont si magnifiquement représentée ; mais une rencontre fortuite d'accidents réels peut exciter une terreur intense causée par des circonstances indépendantes de l'homme.

La terreur est intérieure à l'homme, bien que déterminée encore par des causes qui ne dépendent pas de nous, dans la folie, la double personnalité, la suggestion ; mais elle peut être provoquée par l'homme lui-même, et par sa recherche de sensations — que ce soit la quintessence de l'amour, de la littérature, ou de l'étrangeté qui le conduise à l'au-delà.

Quand la vie intérieure l'a mené jusqu'au néant de ces excitations, il considère les choses terribles avec une certaine ironie, mais où l'énervement se traduit encore par une excessive acuité de sensations. La placidité béate de l'existence s'oppose vivement dans son esprit à l'influence des terreurs provoquées, extérieures, ou surnaturelles, — mais cette existence matérielle ne semble pas le dernier but de l'activité humaine et on peut encore y être troublé par la superstition.

A cet extrême, l'homme entrevoit le terme inférieur de la terreur, pénètre dans l'autre moitié de son cœur, essaye de se représenter dans les autres êtres la misère, la souffrance et la crainte, chasse de lui toutes terreurs humaines ou surhumaines pour ne plus connaître que la pitié.

Or, toutes les terreurs que l'homme a pu éprouver, la longue série des criminels les a reproduites d'âge en âge jusqu'à nos jours. Les actions des simples et des gueux sont des effets de la terreur et répandent la terreur. La superstition et la magie, la soif de l'or, la recherche de la sensation, la vie brutale et inconsciente, autant de causes des crimes qui mènent à la vision de l'échafaud futur, ou à l'échafaud lui-même, avec son horrible réalité.

L'homme devient pitoyable, après avoir ressenti toutes les terreurs, après les avoir rendues concrètes en les incarnant dans ces pauvres êtres qui en souffrent.

On a pitié de cette misère, et on tente de recréer la société, d'en bannir toutes les terreurs par la Terreur, de faire un monde neuf où il n'y ait plus ni pauvres, ni gueux. L'incendie devient mathématique, l'explosion raisonnée, la guillotine volante. On tue pour le principe; sorte d'homœopathie du meurtre.

Le ciel noir est plein d'étoiles rouges. La fin de la nuit sera une aurore sanglante.

Tout cela serait bon, serait juste, si l'extrême terreur n'entraînait autre chose ; si la pitié présente de ce qu'on supprime n'était plus forte que la pitié future de ce qu'on veut créer ; si le regard d'un enfant ne faisait chanceler les meurtriers des générations d'hommes; si le cœur n'était double, enfin, même dans les poitrines des ouvriers de la terreur future.

Ainsi est atteint le but et nous sommes venus par le chemin du cœur et par le chemin de l'histoire de la terreur à la pitié ; nous avons compris que les événements du monde extérieur peuvent être parallèles aux émotions du monde intérieur ; nous avons pressenti que dans une seconde de vie intense nous revivons virtuellement et actuellement l'univers.

II

Les anciens ont saisi le double rôle de la terreur et de la pitié dans la vie humaine. L'intérêt des autres passions semblait inférieur, tandis que ces deux émotions extrêmes emplissaient l'âme entière. L'âme devait être en quelque manière une harmonie, une chose symétrique et équilibrée. Il ne fallait pas la laisser en état de trouble; on cherchait à balancer la terreur par la pitié. L'une de ces passions chassait l'autre, et l'âme redevenait calme; le spectateur sortait satisfait. Il n'y avait pas de moralité dans l'art; il y avait à faire l'équilibre dans l'âme. Le cœur, sous l'empire d'une seule émotion, eût été trop peu artistique à leurs yeux.

La purgation des passions, ainsi que l'entendait Aristote, cette purification de l'âme, n'était peut-être que le calme ramené dans un cœur palpitant. Car il n'y avait dans le drame que deux passions, la terreur et la pitié, qui devaient se faire contre-poids, et leur développement intéressait l'artiste à un point de vue bien différent du nôtre. Le spectacle que cherchait le poète n'était pas sur la scène, mais dans la salle. Il se préoccupait moins de l'émotion éprouvée par l'acteur que de ce que sa représentation soulevait dans le spectateur.

Les personnages étaient vraiment de gigantesques marionnettes terrifiantes ou pitoyables. On ne raisonnait pas sur la description des causes, mais on percevait l'intensité des effets.

Or, les spectateurs n'éprouvaient que les deux sentiments extrêmes qui emplissent le cœur. L'égoïsme menacé leur donnait la terreur ; la souffrance partagée leur donnait la pitié. Ce n'était pas la fatalité dans l'histoire d'Œdipe ou des Atrides qui occupait le poète, mais l'impression de cette fatalité sur la foule.

Le jour où Euripide analysa l'amour sur la scène, ou put l'accuser d'immoralité; car on ne lui reprochait pas le développement de la passion chez ses personnages, mais celle qui pourrait se développer chez ceux qui les voyaient.

On aurait pu concevoir l'amour comme un mélange de ces deux passions extrêmes qui se partageaient le théâtre. Car il y a en lui de l'admiration, de l'attendrissement et du sacrifice, un sentiment du sublime qui participe de la terreur, une commisération délicate, et un désintéressement suprême qui viennent de la pitié ; si bien que peut-être les deux moitiés de l'amour se joignent avec une force supérieure là où d'un côté il y a l'admiration la plus effrayée, où de l'autre il y a la pitié qui se sacrifie le plus sincèrement.

Ainsi, l'amour perd son égoïsme exclusif qui fait des amants deux centres d'attraction tour à tour : car l'amant doit être tout pour son amante, comme l'amante doit être tout pour son amant. Il est devenu l'alliance la plus noble d'un cœur plein de sublime avec un cœur plein de désintéressement. Les femmes ne sont plus Phèdre ni Chimène, mais Desdémone, Imogène, Miranda, ou Alceste.

L'amour a sa place entre la terreur et la pitié. Sa représentation est le plus délicat passage d'une de ces passions à l'autre ; et elle les soulève toutes deux dans le spectateur, dont l'âme prend ainsi plus d'intérêt que celle du personnage qui joue.

L'analyse des passions dans la description des héros ou dans le rôle des acteurs est déjà une pénétration de l'art par la critique. L'examen que la personne représentée fait d'elle-même provoque un examen imité chez le spectateur. Il perd la sincérité de ses impressions ; il ratiocine, discute, compare ; les femmes cherchent parfois dans ces développements des moyens matériels pour tromper, et les hommes des moyens moraux pour découvrir ; la déclamation rhétorique est vide ; la déclamation psychologique est pernicieuse.

Les passions représentées non plus pour l'acteur, mais pour le spectateur, ont une haute portée morale. En entendant les *Sept contre Thèbes*, dit Aristophane, on était plein d'Arès. La fureur guerrière et la terreur des armes ébranlait tous les assistants. Puis les deux frères se tuant, les deux sœurs les enterrant, malgré des ordres cruels et une mort imminente, la pitié chassait la terreur ; le cœur se calmait, l'âme reprenait de l'harmonie.

A de semblables effets une composition spéciale est nécessaire. Le drame implexe diffère systématiquement du drame complexe. La situation dramatique tout entière est dans l'exposition d'un état tragique, qui contient en puissance le dénouement. Cet état est exposé symétriquement, avec une mise en place rigoureuse et définie du sujet et de la forme. D'un côté ceci ; de l'autre cela.

Il suffit de lire Eschyle avec quelque attention pour percevoir cette permanente symétrie qui est le principe de son art. La fin des pièces est pour lui une rupture de l'équilibre dramatique. La tragédie est une crise, et sa solution une accalmie. En même temps, à Égine, un peu plus tard à Olympie, des sculpteurs de génie, obéissant aux mêmes principes d'art, ornaient les frontons des temples de figures humaines et de compositions scéniques symétriquement groupées des deux côtés d'une rupture d'harmonie centrale. Les crises des attitudes, réelles mais immobiles, sont placées dans une composition dont le total explique chacune des parties.

Phidias et Sophocle furent en art des révolutionnaires réalistes. Le type humain qui nous paraît idéalisé dans leurs œuvres est la nature même, telle qu'ils la concevaient. Le mouvement de la vie fut suivi jusque dans ses courbes les plus molles. Au témoignage d'Aristote, un acteur d'Eschyle reprochait à un acteur de Sophocle de *singer* la nature, au lieu de l'imiter. Le drame implexe avait disparu de la scène artistique. Le mouvement réaliste devait encore s'accentuer avec Euripide.

La composition d'art cessa d'être la représentation d'une crise. La vie humaine intéressa par son développement. L'*Œdipe* de Sophocle est une sorte de roman. Le drame fut découpé en tranches successives; la crise devint finale, au lieu d'être initiale; l'exposition, qui était dans l'art antérieur la pièce elle-même, fut réduite pour permettre le jeu de la vie.

Ainsi naquit l'art postérieur à Eschyle, à Polygnote, et aux maîtres d'Égine et d'Olympie. C'est l'art qui est venu jusqu'à nous par le théâtre et le roman.

Comme toutes les manifestations vitales, l'action, l'association et le langage, l'art a passé par des périodes analogues qui se reproduisent d'âge en âge. Les deux points extrêmes entre lesquels l'art oscille semblent être la Symétrie et le Réalisme. Dans la Symétrie, la vie est assujettie à des règles artistiques conventionnelles; dans le Réalisme, la vie est reproduite avec toutes ses inflexions les plus inharmoniques.

De la période symétrique du xiie et du xiiie siècle, l'art a passé à la période psychologique, réaliste et naturiste des xive, xve et xvie siècles. Sous l'influence des règles antiques au xviie, il s'est développé un art conventionnel que le mouvement du xviiie et du xixe siècle a rompu. Nous touchons aujourd'hui, après le romantisme et le naturalisme, à une nouvelle période de symétrie. L'Idée qui est fixe et immobile semble devoir se substituer de nouveau aux Formes Matérielles, qui sont changeantes et flexibles.

Au moment où se crée un art nouveau, il est utile de ne pas s'attacher uniquement à la considération de la floraison indépendante des Primitifs et des Préraphaélites ; il ne faut pas négliger les belles constructions des crises de l'âme et du corps qu'ont exécutées Eschyle et les maîtres d'Égine et d'Olympie.

III

Avant d'examiner le rôle que peuvent jouer dans l'art ces crises de l'âme et du corps, il n'est pas inutile de regarder derrière nous et autour de nous la forme littéraire prépondérante dans les temps modernes, c'est-à-dire le roman.

Sitôt que la vie humaine parut intéressante par son développement même, qu'il fût intérieur ou extérieur, le roman était né. Le roman est l'histoire d'un individu, qu'il soit Encolpe, Lucius, Pantagruel, Don Quichotte, Gil Blas ou Tom Jones. L'histoire était extérieure plutôt avant la fin du siècle dernier et Clarisse Harlowe; mais pour être devenue intérieure, la trame de la composition n'a pas changé. *Historiola animæ, sed historiola.*

Les tourments de l'âme avec Gœthe, Stendhal, Benjamin Constant, Alfred de Vigny, devinrent prédominants. La liberté personnelle avait été dégagée par la révolution américaine, par la révolution française. L'homme libre avait toutes les aspirations. On sentait plus qu'on ne pouvait. Un élève notaire se tua en 1810, et laissa une lettre où il annonçait sa résolution, parce qu'à la suite de sérieuses réflexions il avait reconnu qu'il était incapable de devenir aussi grand que Napoléon. Tous éprouvaient ceci dans tous les rayons de l'activité humaine. Le bonheur personnel devait être au fond des bissacs que chacun de nous porte devant et derrière lui.

La maladie du siècle commença. On voulut être aimé pour soi-même. Le cocuage devint triste. La vie aussi : c'était un tissu d'aspirations excessives que chaque mouvement déchirait. Les uns se jetèrent dans des mysticismes singuliers, chrétiens, extravagants, ou immondes ; les autres, poussés du démon de la perversité, se scarifièrent le cœur, déjà si malade, comme on taquine une dent gâtée. Les autobiographies vinrent au jour sous toutes les formes.

Alors la science du xixe siècle, qui devenait géante, se mit à envahir tout. L'art se fit biologique et psychologique. Il devait prendre ces deux formes positives, puisque Kant avait tué la métaphysique. Il devait prendre une apparence d'érudition. Le xixe siècle est gouverné par la naissance de la chimie, de la médecine et de la psychologie, comme le xvie est mené par la renaissance de Rome et d'Athènes. Le désir d'entasser des faits singuliers et archéologiques y est remplacé par l'aspiration vers les méthodes de liaison et de généralisation.

Mais, par un recul étrange, les généralisations des esprits artistiques ayant été trop hâtives, les lettres marchèrent vers la déduction, tandis que la science marchait vers l'induction.

Il est singulier que, dans le temps où on parle synthèse, personne ne sache en faire. La synthèse ne consiste pas à rassembler les éléments d'une psychologie individuelle, ni à réunir les détails de description d'un chemin de fer, d'une mine, de la Bourse ou de l'armée.

Ainsi entendue, la synthèse est de l'énumération ; et si des ressemblances que présentent les moments de la série l'auteur cherche à tirer une idée générale, c'est une banale abstraction, qu'il s'agisse de l'amour des salons ou du ventre de Paris. La vie n'est pas dans le général, mais dans le particulier ; l'art consiste à donner au particulier l'illusion du général.

Présenter ainsi la vie des entités partielles de la société, c'est faire de la science moderne à la façon d'Aristote. La généralité engendrée par l'énumération complète des parties est une variété du syllogisme. « L'homme, le cheval, le mulet vivent longtemps, écrit Aristote. — Or, l'homme, le cheval et le mulet sont tous les animaux sans fiel. — Donc tous les animaux sans fiel vivent longtemps. »

Ceci n'est pas une désespérante tautologie, mais c'est le syllogisme énumératif, qui n'a aucune rigueur scientifique. Il repose en effet sur une énumération complète ; et il est impossible, dans la nature, de parvenir à un tel résultat.

La monotone nomenclature des détails psychologiques ou physiologiques ne peut pas servir à donner les idées générales de l'âme et du monde ; et cette manière d'entendre et d'appliquer la synthèse est une forme de la déduction.

Ainsi le roman analyste et le roman naturaliste, en faisant usage de ce procédé, pèchent contre la science qu'ils invoquent tous deux.

Mais s'ils emploient faussement la synthèse, ils appliquent aussi la déduction en plein développement de la science expérimentale.

Le roman analyste pose la psychologie du

personnage, la commente finement et déduit de là une vie entière.

Le roman naturaliste pose la physiologie du personnage, décrit ses instincts, son hérédité, et déduit de là l'ensemble de ses actions.

Cette déduction unie à la synthèse énumérative constitue la méthode propre des romans analystes et naturalistes.

Car le romancier moderne prétend avoir une méthode scientifique, réduire les lois naturelles et mathématiques en formules littéraires, observer comme un naturaliste, expérimenter comme un chimiste, déduire comme un algébriste.

L'art véritablement entendu semble au contraire se séparer de la science par son essence même.

Dans la considération d'un phénomène de la nature, le savant suppose le déterminisme, cherche les causes de ce phénomène et ses conditions de détermination; il l'étudie au point de vue de l'origine et des résultats; il se l'asservit à lui-même, pour le reproduire, et l'asservit à l'ensemble des lois du monde pour l'y lier; il en fait un déterminable et un déterminé.

L'artiste suppose la liberté, regarde le phénomène comme un tout, le fait entrer dans sa composition avec ses causes rapprochées, le traite comme s'il était libre, lui-même libre dans sa manière de le considérer.

La science cherche le général par le nécessaire; l'art doit chercher le général par le contingent; pour la science, le monde est lié et déterminé; pour l'art, le monde est discontinu et libre; la science découvre la généralité extensive; l'art doit faire sentir la généralité intensive; si le domaine de la science est le déterminisme, le domaine de l'art est la liberté.

Les êtres vivants, spontanés, libres, dont la synthèse psychologique et physiologique, malgré certaines conditions déterminées, dépendra des séries qu'ils rencontreront, des milieux qu'ils traverseront, tels seront les objets de l'art. Ils ont des facultés de nutrition, d'absorption et d'assimilation; mais il faut tenir compte du jeu compliqué des lois naturelles et sociales, que nous appelons hasard, que l'artiste n'a pas à analyser, qui est véritablement pour lui le Hasard, et qui amène à l'organisme physique et conscient les choses dont il peut se nourrir, qu'il peut absorber et s'assimiler.

Ainsi la synthèse sera celle d'un être vivant.

Si toutes les conditions de la vie humaine pouvaient être déterminées ou prévues, a écrit Kant, on calculerait les actions des hommes comme des éclipses.

La science des choses humaines n'a pas encore atteint la science des choses célestes.

La physiologie et la psychologie ne sont malheureusement pas beaucoup plus avancées que la météorologie ; et les actions que prédit la psychologie de nos romans sont d'ordinaire aussi faciles à prévoir que la pluie pendant l'orage.

Mais il faut trouver le moyen de nourrir artistiquement l'être physique et conscient des événements que le Hasard lui offre. On ne peut pas donner de règles pour cette synthèse vivante. Ceux qui n'en ont pas d'idée, et qui clament sans cesse *à la synthèse*, retardent en art, comme Platon retardait en science.

« Quand j'ajoute *un* à *un*, disait Platon dans sa *République*, qu'est-ce qui devient *deux*, l'unité à laquelle j'ajoute, ou celle qui est ajoutée? »

Pour un esprit aussi profondément déductif, la série des nombres devait naître analytiquement ; le nouvel être *deux* devait être enveloppé dans l'une des unités dont la jonction l'engendrait.

Nous disons que le nombre *deux* est produit synthétiquement, qu'il intervient dans l'addition un principe différent de l'analyse ; et Kant a montré que la sériation des nombres était le résultat d'une synthèse *à priori*.

Or, dans la vie la synthèse qui s'opère est aussi radicalement différente de l'énumération générale des détails psychologiques et physiologiques ou du système déductif.

Il y a peu d'exemples meilleurs de la représentation de la vie qu'un passage d'*Hamlet*.

Deux actions dramatiques se partagent la pièce, l'une extérieure à Hamlet, l'autre intérieure. A la première se rattache le passage des troupes de Fortinbras (act. IV, sc. v) qui traversent le Danemark pour attaquer la Pologne. Hamlet les voit passer. Comment l'action intérieure à Hamlet se nourrira-t-elle de cet événement extérieur? Voici; Hamlet s'écrie :

> Comment, je reste immobile,
> Moi qui ai, par mon père tué, ma mère souillée,
> Des excitations de la raison et du sang,
> Et je laisse tout dormir? Quand, à ma honte, je vois
> L'imminente mort de vingt mille hommes
> Qui, pour une fantaisie et un jeu de gloire,
> Vont vers leurs tombes !

Ainsi la synthèse est accomplie; et Hamlet s'est assimilé pour sa vie intérieure un fait de la vie extérieure. Claude Bernard distinguait dans les êtres vivants le milieu intérieur et le milieu extérieur; l'artiste doit considérer en eux la vie intime et la vie externe, et nous faire saisir les actions et les réactions, sans décrire ni discuter.

Or, les émotions ne sont pas continues; elles ont un point extrême et un point mort. Le cœur éprouve, au moral, une systole et une diastole, une période de contraction, une période de relâchement. On peut appeler *crise* ou *aventure* le point extrême de l'émotion. Chaque fois que la double oscillation du monde extérieur et du monde intérieur amène une rencontre, il y a une « aventure » ou une « crise ». Puis les deux vies reprennent leur indépendance, chacune fécondée par l'autre.

Depuis la grande renaissance romantique, la littérature a parcouru tous les moments de la période de relâchement du cœur, toutes les émotions lentes et passives. A cela devaient aboutir les descriptions de la vie psychologique et de la vie physiologique déterminées. A cela aboutira le roman des masses, si on y fait disparaître l'individu.

Mais la fin du siècle sera peut-être menée par la devise du poète Walt Whitman : *Soi-Même et en Masse*. La littérature célébrera les émotions violentes et actives. L'homme libre ne sera pas asservi au déterminisme des phénomènes de l'âme et du corps. L'individu n'obéira pas au despotisme des masses, ou il les suivra volontairement. Il se laissera aller à l'imagination et à son goût de vivre.

Si la forme littéraire du roman persiste, elle s'élargira sans doute extraordinairement. Les descriptions pseudo-scientifiques, l'étalage de psychologie de manuel et de biologie mal digérée en seront bannis. La composition se précisera dans les parties, avec la langue; la construction sera sévère; l'art nouveau devra être net et clair.

Alors le roman sera peut-être un roman d'*aventures* dans le sens le plus large du mot, le roman des crises du monde intérieur et du monde extérieur, l'histoire des émotions de l'individu et des masses, soit que les hommes cherchent du nouveau dans leur cœur, dans l'histoire, dans la conquête de la terre et des choses, ou dans l'évolution sociale.

LA PERVERSITÉ

VII

LA PERVERSITÉ

« Vivre, a écrit Ibsen, c'est combattre avec les êtres fantastiques qui naissent dans les chambres secrètes de notre cœur et de notre cerveau; être poète, c'est tenir jugement sur soi-même. »

Ces vers sont terribles. Ils disent toute la perversité qui hante les têtes de notre temps. Je voudrais esquisser ce que j'y vois, et dire quelques mots sur cette perversité.

Le premier aspect du monde, centralisateur, égoïste et logique, est la continuité. L'expérience de Weber pourrait se formuler ainsi : la notion de continuité croît en raison inverse de la spécialisation tactile. Nous mettons la continuité dans les choses par la centralisation nerveuse, qui nous donne le continu dans la quantité et par la généralisation logique, qui nous donne le continu dans la qualité. Tel est l'aspect simple et extérieur de l'univers, qui résulte de la position de notre unité au milieu d'une multiplicité que nous coordonnons.

La spécialisation tactile, la science qui en est comme le prolongement instrumental, nous apprennent que le monde est en réalité discontinu. L'espace interstellaire ne diffère de l'espace intermoléculaire que parce que nous sommes placés entre les deux et que nous mesurons leurs rapports. La notion de temps qui est engendrée par celle de l'espace n'est pas plus exacte sous son premier aspect continu. Il peut y avoir de l'infini entre les moments d'un temps divisé à l'infini. On perçoit très bien que le temps psychologique (et le temps astronomique se mesure par des différences de position dans l'espace) est essentiellement variable. Notre notion du temps se transforme du sauvage à l'homme civilisé, de l'enfant à l'adulte, du rêve à la veille.

Ainsi l'aspect dernier du monde, après le perfectionnement des sens et de la connaissance, est la discontinuité. (Il serait facile de montrer que qualitativement c'est aussi la notion de ressemblance qui précède la notion de l'extrême différenciation, et que là encore s'affirme la loi du passage de l'homogène à l'hétérogène.)

La vision passionnelle et morale de l'univers s'adapte successivement aux mêmes points de vue. L'âme est une d'abord, et qu'elle regarde, raisonne ou désire, elle s'applique tout entière. La notion de la diversité des objets et de la diversité de ses propres parties ne lui vient que plus tard. Elle se conçoit alors sous forme de sensation, de raison, ou de volonté, et accorde une prépondérance à ses espèces. Si elle réalise des créations esthétiques, elle les sépare et leur donne à chacune leur domaine; elle ne produit pas l'homme tout entier, fin et courageux, aventureux et prudent, comme Odysseus;

elle jette sur la scène un ambitieux, un jaloux, un irrésolu, Macbeth, Othello, Hamlet. De même que les modernes distinguent dans la gamme des couleurs des nuances que les anciens n'apercevaient pas, l'âme a fait aussi son éducation des nuances : là où elle était pourpre, elle se voit violette, et mauve, et cerise, et orange, et plus elle se différencie, plus elle donne de valeur à ses molécules.

Le point de départ moral de l'homme est l'égoïsme. C'est le reflet sentimental de la loi de l'existence, par laquelle l'être tend à persister dans son être. La perversité morale (et j'entends perversité en me plaçant au point de vue de la nature) naît au moment même où l'homme conçoit qu'il y a d'autres êtres semblables à lui et leur sacrifie une part de son moi. La fleur douloureuse de cette perversité est le plaisir du sacrifice. Et si le sacrifice n'est accompli que pour lui-même cette perversité est absolue : car l'être s'annule dans le but positif du plaisir, au lieu que l'hédoniste ne se tuait que pour éviter la négation douleur. Mais si le sacrifice est accompli en vue des autres hommes, au profit de la masse, si l'être tend à persister dans d'autres êtres, de la perversité première est sortie une moralité plus haute, supérieure à la nature même.

II

« Ces êtres fantastiques qui naissent dans les chambres de notre cœur et de notre cerveau » sont des créations ou des fantômes. Je vois que l'effroyable perversité de Shakespeare a engendré dans sa tête Lear, Richard III, Antoine, Caliban, Falstaff, Miranda, et tant d'autres si divers, qu'il avait voulus tels, et que l'extrême différenciation de ses passions lui a permis de projeter tous, après avoir lutté contre eux. Mais je vois que dans les *Revenants* le fantôme du père d'Oswald Alving germe dans le cerveau du fils et l'opprime et le terrifie, et que le fils succombe à la lutte. Je vois tous les pauvres êtres romantiques éclos dans la tête de Madame Bovary ou de Frédéric Moreau les assujettir et les mener à la mort ou au lamentable ennui de la vie.

Car ceux qui ont pu se différencier et cesser d'être eux-mêmes savent appliquer leur volonté à la création esthétique, ou l'ignorent, ont engendré les êtres fantastiques, ou sont leur proie. Le plus terrible fantôme, sans apparence, sans forme, que rencontre Peer Gynt, le héros d'Ibsen, qui se conçoit sous un nombre infini de formes imaginaires aussitôt réalisées, répond quand Peer Gynt lui demande son nom : « Je m'appelle Moi-même. »

On voit très clairement que dans la période que nous traversons nous sommes *soumis* aux fantômes de l'hérédité ou de l'extrême littérature. Car notre volonté ne sait plus s'appliquer aux choses extérieures, ni projeter les êtres qui naissent en nous. Les poètes regardent passer l'action, et la regrettent, — mais ils n'agissent pas. Le prince Florimond voyait s'enfuir le char où se rouillaient ses glaives; la Belle au Bois Dormant sommeille sous des berceaux d'épines neuf fois entrelacés; le plongeur regarde passer le long des parois de sa cloche de verre, tiédie par la vie ambiante, les pendules vivants de la mer. Et Florimond reste prisonnier des fleurs victorieuses ; et les haies de ronces empêchent la Belle d'allonger sa main ; et la vitre des serres chaudes et des cloches de verre arrête en buée l'haleine de ceux qui voudraient galoper par la forêt ou secouer les vagues. Et M. Maurice Maeterlinck nous dit : « J'aurais voulu agir — mais à quoi bon — la mort est là, tout de suite, qui anéantit l'activité. Voyez, elle est parmi les aveugles, dans cette île de la vie, entourée par la mer inconnue et montante, où ils sont arrivés d'étranges pays ; et quand l'action humaine est partie (— nous ne reviendrons plus —) sur le vaisseau de guerre, l'intruse est venue au milieu des sept princesses. Ayez pitié de nous! car la mort est proche, et nous n'osons étendre la main, de peur de la toucher. »

III

Imaginons donc un être dont le cerveau soit hanté de fantômes qui ont une tendance à la réalité, comme les images ont une tendance hallucinatoire, et qui, en même temps, ne soit pas encore doué de la volonté nécessaire pour agir, ou pour projeter ses fantômes après avoir lutté contre eux. Je pense que cet être n'est pas rare, et qu'il représente même un moment de l'évolution intellectuelle de beaucoup d'artistes de notre temps. L'intelligence et l'esthétique intérieure se forment bien plus tôt que la volonté. Pour produire une œuvre d'art, il faut que la volonté ait atteint son développement. Auparavant les créations ou les fantômes de l'artiste, puisqu'il ne peut pas encore les réaliser esthétiquement, s'interposeront entre lui et la société, l'isoleront du monde, ou il les introduira dans l'univers, à la manière de Don Quichotte, qui n'a point d'autre folie que celle-là.

Cet être m'apparaît nettement dans l'*Écornifleur* de Jules Renard.

L'Écornifleur est un jeune homme dont le cerveau est peuplé de littérature. Rien pour lui ne se présente comme un objet normal. Il voit le XVIIIe siècle à travers Goncourt, les ouvriers à travers Zola, la société à travers Daudet, les paysans à travers Balzac et Maupassant, la mer à travers Michelet et Richepin. Il a beau regarder la mer, il n'est jamais au niveau de la mer. S'il aime, il se rappelle les amours littéraires. S'il viole, il s'étonne de ne pas violer comme en littérature. Sa tête est pleine de fantômes.

Il apporte ces fantômes dans un ménage bourgeois. Jamais il ne sera au niveau de ce ménage, ni le ménage au sien. Il veut intéresser des gens qu'il voit déformés, et il les déforme pour les obliger à l'intéresser. Il se doit à sa littérature de traiter le mari en Homais, la femme en madame Bovary, et de violer la nièce par un beau jour d'été. Entre temps, il vit aux crochets de la famille — car l'Écornifleur est pauvre de nature.

Mais la volonté manque à ses créations. Il est encore trop lui-même. Il rencontre le même être que Peer Gynt. Il a pitié et peur du mari. Le baiser soudain de la femme l'effare, et il se sent dans une action réelle sans soutien littéraire. La jeune fille forcée pousse des cris, souffre, se lamente — et les fantômes de son cerveau n'étaient pas ainsi. L'Écornifleur cède devant lui-même ; il ne sait pas réaliser dans la vie les êtres fantastiques qui ont poussé dans sa tête ; il faut qu'il attende le jour où sa volonté formée les projettera dans l'art.

Un pouce de plus à son vouloir, et c'est Chambige. Un pouce de moins, et c'est Poil-de-Carotte. Un peu plus d'énergie dans l'action, et il est criminel. Un peu moins d'extériorisation, et le pauvre enfant se plaint de ne pas être compris.

Et comme ce roman est bien celui des *crises !* L'être fantastique conçu par l'Écornifleur est arrivé à sa pleine croissance, il voit la femme qu'il se doit d'aimer ; il va descendre à sa chambre, au milieu de la nuit ; déjà elle a les jambes levées. Mais *l'aventure* ne se produit pas ; la femme ne l'attend pas — elle dort —

les portes seront fermées — l'Écornifleur sera pieds nus et ridicule. — Il lit des vers en élevant son âme jusqu'au fumivore ; le miracle va se produire ; on écoutera ses poèmes comme il conçoit qu'on les écoute : le mari fait vibrer son couteau dans une rainure de la table et dit : « C'est fini ? »

Dans un roman fantastique comme Macbeth ou Hamlet, la crise appelle l'aventure ; l'état intérieur du personnage projette le fantôme ou l'événement extérieur. Le pauvre Écornifleur ne trouve jamais les aventures qu'il s'imaginait, quand elles étaient des crises.

Ainsi la perversité de l'Écornifleur ne va pas jusqu'à pousser ses fantômes dans la vie, ni son esthétique à se contenter de les créer dans l'art. Il est heureusement égoïste. Il se rencontre sur son chemin et recule. Il n'a pas encore pour ses créations assez de pitié pour se soumettre à elles, et souffrir pour qu'elles vivent.

La littérature a fait naître des êtres terribles dans les chambres secrètes de son cœur et de son cerveau. Mais il est devenu poète ; et dans ce livre il a tenu jugement sur lui-même.

LA DIFFÉRENCE

ET LA RESSEMBLANCE

VIII

LA DIFFÉRENCE ET LA RESSEMBLANCE

J'ai fait un livre où il y a des masques et des figures couvertes ; un roi masqué d'or, un sauvage au mufle de fourrure, des routiers italiens à la face pestiférée et des routiers français avec des faux visages, des galériens heaumés de rouge, des jeunes filles subitement vieillies dans un miroir, et une singulière foule de lépreux, d'embaumeuses, d'eunuques, d'assassins, de démoniaques et de pirates, entre lesquels je prie le lecteur de penser que je n'ai aucune préférence, étant certain qu'ils ne sont point si divers. Et afin de le montrer plus clairement je n'ai pris nulle garde à leur mascarade pour les accoupler dans la chaîne de leurs histoires : car on les trouve liées parce qu'elles furent semblables ou contraires. Si vous en êtes étonnés je dirai volontiers que la différence et la ressemblance sont des points de vue. Nous ne savons pas distinguer un Chinois d'un autre Chinois, mais les bergers retrouvent leurs moutons à des signes qui nous sont invisibles. Et pour une fourmi les autres fourmis paraissent aussi diverses que nos prêtres, nos soldats et nos marchands. Si les microbes sont doués de la plus faible conscience, ils ont des nuances par où ils se connaissent. Nous ne sommes par les seuls individus de cet univers. Ainsi que dans le langage, les phrases se séparent peu à peu des périodes, et les mots se libèrent des phrases pour prendre leur indépendance et leur couleur, nous nous sommes graduellement différenciés en une série de *moi* de valeur bien relative. Car une couple de siècles effacent tout cela, et nous ne saurions dire les marques dont se servaient les Athéniens pour comparer le style d'Aristophane à la manière d'Eupolis. Pour un observateur venu d'un autre monde, mes embaumeuses et mes pirates, mon sauvage et mon roi n'auraient aucune variété. Si par une certaine convention on supposait à ce visiteur supérieur la vue bornée d'un artiste en même temps que la généralisation d'un savant, voici probablement ce qu'il dirait après avoir pris une connaissance exacte de nos sociétés d'êtres animés :

« Je remarque chez les hommes un nombre d'actes instinctifs et imperfectibles puisqu'ils les accomplissent depuis une dizaine de milliers d'années. Vous avez coutume de broyer le grain, de pétrir la farine avec de l'eau, d'y mêler de la levure de bière et d'en faire une pâte que vous rôtissez jusqu'à ce qu'elle soit dorée. Depuis qu'il y a des hommes, ils mangent du pain et le goût n'en est pas devenu amer. Vous appliquez avec persistance le feu à la plupart de vos aliments. Les abeilles ne construisent pas avec moins d'obstination leurs rayons géométriques de cire et c'est ainsi que les fourmis portent à des heures fixées leurs œufs transparents au soleil. Je ne saisis pas très bien la nuance qu'il peut y avoir entre le char de guerre du roi Agamemnôn et un fiacre de la Compagnie des Petites-Voitures. Il faut classer dans la même catégorie les feux successifs qui annoncèrent en Grèce l'incendie de Troie avec le télégraphe de M. Hughes. Le fusil à répétition et la flèche à pointe de silex sont des moyens bien semblables d'un même instinct. J'estime infiniment au-dessus des exceptions pratiques ou intellectuelles que vous pouvez apercevoir un morceau de pain à croûte brune retrouvé dans un sarcophage d'Égypte ou une humble écuelle phénicienne, pareille à celles que tournent encore pour vous les potiers de Provence. Une telle force de tradition et d'instinct représente peut-être l'unique chance qu'a la race humaine de laisser d'elle quelque souvenir à travers l'universelle destruction des choses; car la terre n'a même pas conservé les monuments de vos anthropopithèques.

« Malgré le sens exquis des différences que vous entretenez avec un souci d'artiste, l'un de vous a dit que l'homme est un animal sociable. Votre congrégation en cités, provinces et nations n'a donc rien de bien spécialisé ; car les monères, qui sont les plus simples des êtres faits de protoplasma, n'ont pas d'autres habitudes. Et ces monères entretiennent une grande justice dans la distribution de leur nourriture. Tout ce que mange l'une d'elles est également réparti entre les autres. Lorsqu'une monère est lassée de la colonie, il lui suffit de couper les filaments qui la réunissaient à son peuple. Les autres individus ne la poursuivent et ne la punissent jamais. Elle va flotter vers des eaux nouvelles, parmi les monères libres que vos savants nomment, je crois, *saprophytes*. Je respecte infiniment ces vénérables monères, dont l'organisation primitive réalise le type de la vie parfaite dans une société.

« Quoique vos psychologues aient divisé vos passions en des bandelettes légères de nuances extrêmement délicates, leur jeu me semble borné, en somme, au peu d'actes nécessaires à la conservation de vos espèces.

« En adoptant le point de vue moral, que vous affectionnez, on ne saurait donner de réelle supériorité au plus subtil de vos philosophes sur un petit globule de pus. Ces globules blancs sont des éléments libres qui ont autant de facultés de choix. Ils préfèrent les substances chimiques selon les mêmes lois que vous trouvez plus d'agrément aux choses. Si la sensation humaine est comme le logarithme de l'excitation, le goût des globules blancs pour les proportions différentes des cultures ou des solutions qu'on leur présente varie dans la même mesure. Vos globules ont des individualités très fines, et il est possible d'en faire, grâce à votre belle faculté de l'habitude qui les mithridatise pour certains poisons, des automates bien semblables à ceux que votre Pascal voulait construire en donnant la foi aux êtres rationnels. La spécialisation de vos connaissances inspire beaucoup de respect pour les individus qui vous composent. Il faut tenir en considération l'idiosyncrasie d'un bâtonnet nerveux de votre rétine ou d'un corpuscule de Paccini. Les fibres de Corti sont les dégustatrices de vos affections musicales; et vos cellules bipolaires ont droit d'interdiction sur les vibrations qui leur déplaisent. Vous n'aimez les choses et vous ne les haïssez qu'en raison de l'élection d'une majorité de petites individualités dissemblables. Vos actions sont soumises à un infini d'intermédiaires.

« Ces dernières réflexions, qui me coûtent un peu d'effort, puisque je ne saisis guère bien que l'unité, le continu et le général, peuvent vous être de quelque utilité. Par un retour aisé, vous apprécierez mieux le rôle des éléments de vos associations. Dans la ville d'Athènes, les sycophantes et les gardiens des mœurs, avec les marchands de femmes, détenaient assez noblement les fonctions d'élimination d'une cité où les habitants montraient toutes les parties de leur corps. On pouvait librement se destiner à de telles professions. Il n'était pas impossible aux chefs du peuple de s'y adapter. C'est pourquoi Aristophane nous montre Cléon, après son passage aux affaires publiques, vêtu d'une robe verte et vendant des boudins parmi les garçons baigneurs. Je suis enchanté de ce crieur de saucisses près d'une maison infâme d'Athènes, et des filles de joie qui trempaient leurs doigts au Pirée dans la sauce de ses tripes. A un tel point de vue, vos ruffians ne semblent ni moins utiles ni moins respectables que le chef de l'État.

« Saisissez donc les différences charmantes par votre imagination, mais apprenez à les confondre en la continuité des ressemblances, qui font les lois explicatives, par l'exercice de votre raison. Ne donnez pas plus de foi à ceux qui vous montrent la discontinuité, ou les différences individuelles, ou la liberté dans l'univers, qu'à ceux qui vous exposent sa continuité ou ses lois nécessaires. Souvenez-vous que vos mathématiques, fondées sur la continuité dans le temps, l'espace et le nombre, suffisent à calculer des mouvements d'atomes, qui sont des tourbillons discontinus. Imaginez que la ressemblance est le langage intellectuel des différences, que les différences sont le langage sensible de la ressemblance. Sachez que tout en ce monde n'est que signes, et signes de signes.

« Si vous pouvez supposer un Dieu qui ne soit pas votre personne et une parole qui soit bien différente de la vôtre, concevez que Dieu parle : alors l'univers est son langage.

Il n'est pas nécessaire qu'il nous parle. Nous ignorons à qui il s'adresse. Mais ses choses tentent de nous parler à leur tour, et nous, qui en faisons partie, nous essayons de les comprendre sur le modèle même que Dieu a imaginé de les proférer. Elles ne sont que des signes, et des signes de signes. Ainsi que nous-mêmes, ce sont les masques de visages éternellement obscurs. Comme les masques sont le signe qu'il y a des visages, les mots sont le signe qu'il y a des choses. Et ces choses sont des signes de l'incompréhensible. Nos sens perfectionnés nous permettent de les disjoindre et notre raisonnement les calcule sous une forme continue, sans doute parce que notre grossière organisation centralisatrice est une sorte de symbole de la faculté d'unir du Centre Suprême. Et comme tout ici-bas n'est que collection d'individus, cellules, ou atomes, sans doute l'Être qu'on peut supposer n'est que la parfaite collection des individus de l'Univers. Lorsqu'il raisonne les choses, il les conçoit sous la ressemblance ; lorsqu'il les imagine, il les exprime sous la diversité.

« S'il est vrai que Dieu calcule des possibles, on doit ajouter qu'il parle des réels; nous sommes ses propres mots arrivés à la conscience de ce qu'ils portaient en eux, essayant de nous répondre, de lui répondre; désunis, puisque nous sommes des mots, mais joints dans la phrase de l'univers, jointe elle-même à la glorieuse période qui est une en Sa pensée. »

Telle serait peut-être la péroraison de cet observateur, dont l'examen et le langage sont des hypothèses, mais qui suffisent à excuser la composition de mon livre.

LE RIRE

IX

LE RIRE

Edgar Poe a écrit dans un conte que personne n'a voulu traduire : « Savez-vous qu'à Sparte (qui est aujourd'hui Palaeochori), à l'ouest de la citadelle, parmi un chaos de ruines à peine visibles, émerge un socle où on peut encore lire les lettres ΛΑΣΜ ? C'est évidemment la mutilation de ΓΕΛΑΣΜΑ. Or à Sparte, mille temples et autels étaient consacrés à mille divinités diverses. N'est-il pas étrange que la stèle du RIRE ait survécu à toutes les autres ? »

J'imaginerais volontiers que la lointaine postérité ne retiendra, au milieu des décombres littéraires de notre temps, que deux ou trois excellentes plaisanteries. On ne retrouve plus sur les rives de l'Eurotas cette lourde et lugubre monnaie de fer dont les Lacédémoniens se servaient pesamment. Leurs dieux ont disparu, et il devait y en avoir de fort célèbres. Sans doute, les offrandes que les Doriens firent au dieu Rire étaient payées avec ces pièces graves. Semblablement de quelle grosse monnaie de romans aurons-nous acheté les petits livres qui émergeront peut-être de notre océan de papier noirci. Quand les dieux septentrionaux se seront écroulés, quelques milliers d'années après les dieux de Grèce et d'Italie, on ne retirera même pas de nos ruines le socle du dieu Rire, et il faudra s'en aller en Chine pour admirer l'idole en bois de la Miséricorde.

II

Le rire est probablement destiné à disparaître. On ne voit pas bien pourquoi, entre tant d'espèces animales éteintes, le tic de l'une d'elles persisterait. Cette grossière preuve physique du sens qu'on a d'une certaine inharmonie dans le monde devra s'effacer devant le scepticisme complet, la science absolue, la pitié générale et le respect de toutes choses.

Rire, c'est se laisser surprendre par une négligence des lois : on croyait donc à l'ordre universel et à une magnifique hiérarchie de causes finales ? Et quand on aura attaché toutes les anomalies à un mécanisme cosmique, les hommes ne riront plus. On ne peut rire que des individus. Les idées générales n'affectent pas la glotte.

Rire, c'est se sentir supérieur. Quand nous ferons à genoux, dans les carrefours, des confessions publiques, quand nous nous humilierons pour mieux pouvoir aimer, le grotesque sera au-dessus de nous. Et ceux qui auront apprécié l'identique valeur, en dehors de toute relativité, de leur moi et d'une cellule composante ou solitaire, sans comprendre les choses, les respecteront. La reconnaissance de l'égalité entre tous les individus de l'univers ne fera pas hausser les lèvres sur les canines.

Voici comment on pourra interpréter dans ce temps un jeu aboli du visage :

« Cette espèce de contraction des muscles zygomatiques était le propre de l'homme. Elle lui servait à indiquer en même temps son peu d'intelligence pour le système du monde et sa persuasion qu'il était supérieur au reste. »

La religion, la science et le scepticisme du temps futur ne contiendront qu'une faible partie de nos pénibles idées sur ces matières. Il est certain toutefois que la contraction des muscles zygomatiques n'y aura point de place. J'aimerais donc à désigner à ceux qui s'éprendront des choses d'autrefois l'œuvre qui excita dans notre époque barbare la plus grande somme de ce rire disparu. Je sais qu'on s'étonnera de la bouche convulsée, des yeux larmoyants, des épaules secouées, du ventre saccadé, ainsi que nous nous étonnons nous-mêmes pour les singuliers usages des premiers hommes ; mais je supplie les personnes éclairées de réfléchir au grand intérêt que présente un document historique, de quelque ordre qu'il soit.

III

Quand le rire, donc, aura disparu, on en trouvera une représentation complète dans les œuvres de Georges Courteline.

Cette représentation du rire sera complète, car elle unit le comique des anciens à la variété d'hilarité qui fut spéciale au dix-neuvième siècle.

Nous ne savons pas depuis quand l'incohérence dans la vision des choses amenée par la confusion du langage ou de l'intelligence excite la gaieté des hommes.

Avant l'ère chrétienne déjà le Carthaginois de Plaute réjouissait le public quand les deux Romains jugeaient par son baragouin *Mebarbocca* qu'il devait se plaindre d'avoir mal à la bouche. Il n'est pas moins plaisant d'entendre Piégelé, dans le rôle de Roland, répéter : *Salut aux nez creux*, lorsqu'on lui souffle : *Salut, ô mes preux*. La farce des deux esclaves qui interprètent un oracle inintelligible dans les *Chevaliers*, d'Aristophane, n'est pas très différente de celle des deux dragons qui examinent sur le quai d'Orsay l'obscur problème du numéro 26, où demeure Marabout. Le père Soupe fait cuire son chocolat, se lave les pieds, va accomplir ses petits besoins avec l'innocente naïveté de Strepsiade, et raisonne un peu comme lui.

Cependant la distinction essentiellement moderne entre le sujet et l'objet nous permet un rire particulier. Le dialogue qu'imaginait Ésope entre un renard et un masque de théâtre n'était pas comique. On pouvait supposer, même avec mélancolie, que des pierres et des arbres suivaient un musicien qui jouait de la lyre. Mais les gens du dix-neuvième siècle rient du Jack, de Mark Twain, qui attend sous un soleil brûlant qu'une tortue de Palestine veuille bien se mettre à chanter. Ils rient encore si Courteline leur raconte qu'un fou essaie de faire de mauvaises plaisanteries à des fromages mous. Ils rient toujours du récit suivant :

Voyage aux îles Bermudes. — Aux îles Bermudes on ne trouve pas d'insecte ou de quadrupède digne d'être mentionné. Les habitants prétendent que leurs araignées sont grandes. Je n'en ai pas vu qui dépassât les dimensions d'une assiette à soupe ordinaire.
— Un matin, le révérend L..., qui voyageait avec moi entra dans ma chambre, une bottine à la main.

— Cette bottine est à vous? dit-il.

— Oui, répondis-je.

— J'en suis heureux, reprit-il. Figurez-vous que je viens de rencontrer une araignée qui l'emportait.

Le lendemain, au point du jour, cette même araignée soulevait ma fenêtre à tabatière afin de venir prendre ma chemise.

— Elle a emporté votre chemise ?

— Non.

— Comment avez-vous pu voir qu'elle venait l'emporter ?

— Je l'ai vu dans son œil.

J'ai cité cette simple anecdote parce qu'elle semble révéler les deux faces du rire.

Première face : Nous nous étonnons de

voir un insecte classé avec des quadrupèdes et nous sommes vivement frappés de la contradiction qu'il y a entre la grandeur des araignées que nous connaissons et celle d'une paire de bottines ordinaires.

Deuxième face : L'absurdité de supposer dans une araignée l'intention préméditée de prendre des objets dont nous nous servons seuls, et d'imaginer qu'on a vu cette disposition dans son œil (ce qui nous ramène à la première face) excite notre hilarité.

Et je dis que dans notre temps cette seconde forme du comique nous affecte spécialement. Les hommes ont pris conscience de leur moi avec excès. La simple idée qu'on pourrait attribuer à un objet ou à une bête les habitudes personnelles de l'âme humaine leur apparaît grotesque. Courteline nous a montré le capitaine Hurluret, qui menace de se changer en moulin à café ou en saladier ; et Lahrier promet à Soupe d'opérer sur lui une vague métamorphose du même genre. Les personnages des *Mille et une nuits* craignaient ces choses qui se produisaient volontiers à une époque où la personnalité de l'homme n'avait pas été violemment séparée des objets par Kant. Aujourd'hui le moi glorieux se moque de cette vaine parodie.

Fréquemment on trouvait autrefois, dans les asiles, des fous accroupis, qui se croyaient pots d'argile et d'autres qui, s'imaginant fromages de Cordoue, vous offraient, le couteau à la main, une tranche de leur mollet ; d'autres encore, qui fumaient comme des théières, moussaient comme des bouteilles de champagne, se pliaient comme une chemise fraîchement blanchie. Les statistiques nous apprennent que cette folie est devenue extrêmement rare. Il n'en faut pas chercher d'autre cause que le progrès de la conscience. Même les fous ont de la personnalité une trop haute idée.

IV

Les biographes du poète américain Walt Whitman disent que personne ne le vit rire une seule fois dans sa vie. C'était un homme doux et gai, qui comprenait toutes choses. Les anomalies n'étaient pas pour lui des miracles de l'absurde. Il ne se croyait supérieur à aucun être. On peut mettre aux deux termes de l'humanité Philémon, qui mourut de rire en voyant un âne manger des figues, et ce grand poète Walt Whitman. Notez que Philémon ne rit avec tant d'excès que parce qu'il était certain d'être supérieur à un âne, étant poète, et que cet âne, si différent de Philémon, mangeait le même dessert que lui. Nous avons un portrait de Walt Whitman où ce vieux poète paralysé, le visage grave, seconde l'erreur d'un papillon qui s'est posé sur son bras comme sur un tronc d'arbre mort.

Les tics de l'humanité ne sont pas immuables. Même les dieux changent quelquefois. On a déjà changé de manière de rire ; sachez avec constance prévoir un âge où l'on ne rira plus. Ceux qui voudront modeler leur visage sur cette contraction s'imagineront très bien ce que pouvait être une habitude disparue en lisant les livres de Georges Courteline. Que ceux qui veulent rire maintenant se hâtent de se réjouir. Nous n'en sommes pas encore à chercher le socle du dieu Rire au milieu des ruines. Le dieu Rire habite parmi nous. Quand nos statues seront tombées, nos coutumes abolies, quand les hommes compteront les années dans une ère nouvelle, ils se diront de celui qui sut nous rendre si joyeux cette simple légende :

« C'était une charmante petite divinité, fine et bonne, qui vivait dans Montmartre. Elle avait tant de grâce que les gros mots, cherchant un sanctuaire indestructible, le trouvèrent dans son œuvre. »

L'ART DE LA BIOGRAPHIE

X

L'ART DE LA BIOGRAPHIE

La science historique nous laisse dans l'incertitude sur les individus. Elle ne nous révèle que les points par où ils furent attachés aux actions générales. Elle nous dit que Napoléon était souffrant le jour de Waterloo, qu'il faut attribuer l'excessive activité intellectuelle de Newton à la continence absolue de son tempérament, qu'Alexandre était ivre lorsqu'il tua Klitos et que la fistule de Louis XIV put être la cause de certaines de ses résolutions. Pascal raisonne sur le nez de

Cléopâtre, s'il eût été plus court, ou sur un grain de sable dans l'urèthre de Cromwell. Tous ces faits individuels n'ont de valeur que parce qu'ils ont modifié les événements ou qu'ils auraient pu en dévier la série. Ce sont des causes réelles ou possibles. Il faut les laisser aux savants.

L'art est à l'opposé des idées générales, ne décrit que l'individuel, ne désire que l'unique. Il ne classe pas; il déclasse. Pour autant que cela nous occupe, nos idées générales peuvent être semblables à celles qui ont cours dans la planète Mars et trois lignes qui se coupent forment un triangle sur tous les points de l'univers. Mais regardez une feuille d'arbre, avec ses nervures capricieuses, ses teintes variées par l'ombre et le soleil, le gonflement qu'y a soulevé la chute d'une goutte de pluie, la piqûre qu'y a laissée un insecte, la trace argentée du petit escargot, la première dorure mortelle qu'y marque l'automne; cherchez une feuille exactement semblable dans toutes les grandes forêts de la terre : je vous mets au défi. Il n'y a pas de science du tégument d'une foliole, des filaments d'une cellule, de la courbure d'une veine, de la manie d'une habitude, des crochets d'un caractère. Que tel homme ait eu le nez tordu, un œil plus haut que l'autre, l'articulation du bras noueuse ; qu'il ait eu coutume de manger à telle heure un blanc de poulet, qu'il ait préféré le Malvoisie au Château-Margaux, voilà qui est sans parallèle dans le monde. Aussi bien que Socrate Thalès aurait pu dire ΓΝΩΘΙ ΣΕΑΥΤΟΝ ; mais il ne se serait pas frotté la jambe dans la prison de la même manière, avant de boire la ciguë. Les idées des grands hommes sont le patrimoine commun de l'humanité : chacun d'eux ne posséda réellement que ses bizarreries. Le livre qui décrirait un homme en toutes ses anomalies serait une œuvre d'art comme une estampe japonaise où on voit éternellement l'image d'une petite chenille aperçue une fois à une heure particulière du jour.

Les histoires restent muettes sur ces choses. Dans la rude collection de matériaux qui fournissent les témoignages, il n'y a pas beaucoup de brisures singulières et inimitables. Les biographes anciens surtout sont avares. N'estimant guère que la vie publique ou la grammaire, ils nous transmirent sur les grands hommes leurs discours et les titres de leurs livres. C'est Aristophane lui-même qui nous a donné la joie de savoir qu'il était chauve, et si le nez camard de Socrate n'eût servi à des comparaisons littéraires, si son habitude de marcher les pieds déchaussés n'eût fait partie de son système philosophique de mépris pour le corps, nous n'aurions conservé de lui que ses interrogatoires de morale. Les commérages de Suétone ne sont que des polémiques haineuses. Le bon génie de Plutarque fit parfois de lui un artiste ; mais il ne sut pas comprendre l'essence de son art, puisqu'il imagina des « parallèles » — comme si deux hommes proprement décrits en tous leurs détails pouvaient se ressembler ! On est réduit à consulter Athénée, Aulu-Gelle, des scoliastes, et Diogène Laërce, qui crut avoir composé une espèce d'histoire de la philosophie.

Le sentiment de l'individuel s'est développé davantage dans les temps modernes. L'œuvre de Boswell serait parfaite s'il n'avait jugé nécessaire d'y citer la correspondance de

Johnson et des digressions sur ses livres. Les
« Vies des personnes éminentes » par Aubrey
sont plus satisfaisantes. Aubrey eut, sans aucun doute, l'instinct de la biographie. Comme
il est fâcheux que le style de cet excellent antiquaire ne soit pas à la hauteur de sa conception ! Son livre eût été la récréation éternelle des esprits avisés. Aubrey n'éprouva jamais le besoin d'établir un rapport entre des
détails individuels et des idées générales. Il lui
suffisait que d'autres eussent marqué pour la
célébrité les hommes auxquels il prenait intérêt. On ne sait point la plupart du temps s'il
s'agit d'un mathématicien, d'un homme d'État,
d'un poète, ou d'un horloger. Mais chacun
d'eux a son trait unique, qui le différencie
pour jamais parmi les hommes.

Le peintre Hokusaï espérait parvenir, lorsqu'il aurait cent dix ans, à l'idéal de son art.
A ce moment, disait-il, tout point, toute ligne
tracés par son pinceau seraient vivants. Par vivants, entendez individuels. Rien de plus semblable que des points et des lignes : la géométrie
se fonde sur ce postulat. L'art parfait de Hokusaï
exigeait que rien ne fût plus différent. Ainsi

l'idéal du biographe serait de différencier infiniment l'aspect de deux philosophes qui ont inventé à peu près la même métaphysique. Voilà pourquoi Aubrey, qui s'attache uniquement aux hommes, n'atteint pas la perfection, puisqu'il n'a pas su accomplir la miraculeuse transformation qu'espérait Hokusaï de la ressemblance en la diversité. Mais Aubrey n'était pas parvenu à l'âge de cent dix ans. Il est fort estimable néanmoins, et il se rendait compte de la portée de son livre. « Je me souviens, dit-il, dans sa préface à Anthony Wood, d'un mot du général Lambert — *that the best of men are but men at the best* — ce dont vous trouverez divers exemples dans cette rude et hâtive collection. Aussi ces arcanes ne devront-ils être exposés au jour que dans environ trente ans. Il convient en effet que l'auteur et les personnages (semblables à des nèfles) soient pourris auparavant. »

On pourrait découvrir chez les prédécesseurs d'Aubrey quelques rudiments de son art. Ainsi Diogène Laërce nous apprend qu'Aristote portait sur l'estomac une bourse de cuir pleine d'huile chaude, et qu'on trouva dans sa maison, après sa mort, quantité de vases de terre. Nous ne saurons jamais ce qu'Aristote faisait de toutes ces poteries. Et le mystère en est aussi agréable que les conjectures auxquelles Boswell nous abandonne sur l'usage que faisait Johnson des pelures sèches d'orange qu'il avait coutume de conserver dans ses poches. Ici Diogène Laërce se hausse presque au sublime de l'inimitable Boswell. Mais ce sont là de rares plaisirs. Tandis qu'Aubrey nous en donne à chaque ligne. Milton, nous dit-il, « prononçait la lettre R très dure ». Spenser « était un petit homme, portait les cheveux courts, une petite collerette et des petites manchettes ». Barclay « vivait en Angleterre à quelque époque *tempore R. Jacobi.* C'était alors un homme vieux, à barbe blanche, et il portait un chapeau à plume, ce qui scandalisait quelques personnes sévères ». Érasme « n'aimait pas le poisson, quoique né dans une ville poissonnière ». Pour Bacon, « aucun de ses serviteurs n'osait apparaître devant lui sans bottes en cuir d'Espagne; car il sentait aussitôt l'odeur du cuir de veau, qui lui était désagréable ». Le docteur Fuller « avait la tête si fort en travail que, se promenant et méditant avant dîner, il mangeait un pain de deux sous sans s'en apercevoir ». Sur Sir William Davenant il fait cette remarque : « J'étais à son enterrement ; il avait un cercueil de noyer. Sir John Denham assura que c'était le plus beau cercueil qu'il eût jamais vu. » Il écrit à propos de Ben Jonson : « J'ai entendu dire à M. Lacy, l'acteur, qu'il avait coutume de porter un manteau pareil à un manteau de cocher, avec des fentes sous les aisselles. » Voici ce qui le frappe chez William Prinne : « Sa manière de travailler était telle. Il mettait un long bonnet piqué qui lui tombait d'au moins 2 ou 3 pouces sur les yeux et qui lui servait d'abat-jour pour protéger ses yeux de la lumière, et toutes les 3 heures environ, son domestique devait lui apporter un pain et un pot d'ale pour lui refociller ses esprits; de sorte qu'il travaillait, buvait, et mâchonnait son pain, et ceci l'entretenait jusqu'à la nuit où il faisait un bon souper. » Hobbes « devint très chauve dans sa vieillesse; pourtant, dans sa maison, il avait coutume d'étudier nu-tête, et disait qu'il ne prenait jamais froid, mais que son plus grand ennui était d'empêcher les mouches de venir se poser sur sa calvitie. Il ne nous dit rien de *l'Oceana* de John Harrington, mais nous raconte que l'auteur « A°· D^ni· 1660, fut envoyé prisonnier à la Tour, où on le garda, puis à Portsey Castle. Son séjour dans ces prisons (étant un gentilhomme de haut esprit et de tête chaude) fut la cause procatarctique de son délire ou de sa folie qui ne fut pas furieuse — car il causait assez raisonnablement et il était de société fort plaisante; mais il lui vint la fantaisie que sa sueur se changeait en mouches et parfois en abeilles, *ad cetera sobrius*; et il fit construire une maisonnette versatile en planches dans le jardin de Mr. Hart (en face St. James's Park) pour en faire l'expérience. Il la tournait au soleil et s'asseyait en face; puis il faisait apporter ses queues de renard pour chasser et massacrer toutes les mouches et abeilles qu'on y découvrirait; ensuite il fermait les châssis. Or il ne faisait cette expérience que dans la saison chaude, de façon que quelques mouches se dissimulaient dans les fentes et dans les plis des draperies. Au bout d'un quart d'heure peut-être, la chaleur faisait sortir de leur trou une mouche, ou deux, ou davantage. Alors il s'écriait : « Ne voyez-vous pas clairement qu'elles sortent de moi ? »

Voici tout ce qu'il nous dit de Meriton. « Son vrai nom était Head. M. Bovey le connaissait bien. Né en... Était libraire dans Little Britain. Il avait été parmi les bohémiens. Il avait l'air d'un coquin avec ses yeux goguelus. Il pouvait se changer en n'importe quelle forme. Fit banqueroute 2 ou 3 fois. Fut enfin libraire, ou vers sa fin. Il gagnait sa vie par ses griffonnages. Il était payé 20 sh. la feuille. Il écrivit plusieurs livres : *the English Rogue, the Art of Wheadling*, etc. Il fut noyé en allant à Plymouth par la pleine mer vers 1676, étant âgé d'environ 50 ans. »

Enfin il faut citer sa biographie de Descartes :

M^eur Renatus Des Cartes

« Nobilis Gallus, Perroni Dominus, summus Mathematicus et Philosophus, natus Turonum, pridie Calendas Aprilis 1596. Denatus Holmiæ, Calendis Februarii, 1650. (Je trouve cette inscription sous son portrait par C. V. Dalen.) Comment il passa son temps en sa jeunesse et par quelle méthode il devint si savant, il le raconte au monde en son traité intitulé de la Méthode. La Société de Jésus se glorifie que l'ordre ait eu l'honneur de son éducation. Il vécut plusieurs années à Egmont (près la Haye), d'où il data plusieurs de ses livres. C'était un homme trop sage pour s'encombrer d'une femme ; mais, étant homme, il avait les désirs et appétits d'un homme ; il entretenait donc une belle femme de bonne condition qu'il aimait, et dont il eut quelques enfants (je crois 2 ou 3). Il serait fort surprenant qu'issus des reins d'un tel père ils n'eussent point reçu une belle éducation. Il était si éminemment savant que tous les savants lui rendaient visite et beaucoup d'entre eux le priaient de leur montrer ses.... d'instruments (à cette époque, la science mathématique était fortement liée à la connaissance des instruments, et, ainsi que le disait Sr. H. S., à la pratique des tours). Alors il tirait un petit tiroir sous la table et leur montrait un compas dont l'une des branches était cassée ; et puis, pour règle, il se servait d'une feuille de papier pliée en double. »

Il est clair qu'Aubrey a eu la conscience parfaite de son travail. Ne croyez pas qu'il ait méconnu la valeur des idées philosophiques de Descartes ou de Hobbes. Ce n'est pas là ce qui l'intéressait. Il nous dit fort bien que Descartes lui-même a exposé sa méthode au monde. Il n'ignore pas que Harvey découvrit la circulation du sang ; mais il préfère noter que ce grand homme passait ses insomnies à se promener en chemise, qu'il avait une mauvaise écriture, et que les plus célèbres médecins de Londres n'auraient pas donné six sous d'une de ses ordonnances. Il est sûr de nous avoir éclairé sur Francis Bacon, lorsqu'il nous a expliqué qu'il avait l'œil vif et délicat, couleur noisette, et pareil à l'œil d'une vipère. Mais ce n'est pas un aussi grand artiste que

Holbein. Il ne sait pas fixer pour l'éternité un individu par ses traits spéciaux sur un fond de ressemblance avec l'idéal. Il donne la vie à un œil, au nez, à la jambe, à la moue de ses modèles : il ne sait pas animer la figure. Le vieil Hokusaï voyait bien qu'il fallait parvenir à rendre individuel ce qu'il y a de plus général. Aubrey n'a pas eu la même pénétration. Si le livre de Boswell tenait en dix pages, ce serait l'œuvre d'art attendue. Le bon sens du docteur Johnson se compose des lieux communs les plus vulgaires ; exprimé avec la violence bizarre que Boswell a su peindre, il a une qualité unique dans ce monde. Seulement ce catalogue pesant ressemble aux dictionnaires mêmes du docteur : on pourrait en tirer une *Scientia Johnsoniana*, avec un index. Boswell n'a pas eu le courage esthétique de choisir.

L'art du biographe consiste justement dans le choix. Il n'a pas à se préoccuper d'être vrai ; il doit créer dans un chaos de traits humains. Leibnitz dit que pour faire le monde Dieu a choisi le meilleur parmi les possibles. Le biographe, comme une divinité inférieure, sait choisir parmi les possibles humains, celui qui est unique. Il ne doit pas plus se tromper sur l'art que Dieu ne s'est trompé sur la bonté. Il est nécessaire que leur instinct à tous deux soit infaillible. De patients démiurges ont assemblé pour le biographe des idées, des mouvements de physionomie, des événements. Leur œuvre se trouve dans les chroniques, les mémoires, les correspondances et les scolies. Au milieu de cette grossière réunion, le biographe trie de quoi composer une forme qui ne ressemble à aucune autre. Il n'est pas utile qu'elle soit pareille à celle qui fut créée jadis par un dieu supérieur, pourvu qu'elle soit unique, comme toute autre création.

Les biographes ont malheureusement cru d'ordinaire qu'ils étaient historiens. Et ils nous ont privés ainsi de portraits admirables. Ils ont supposé que seule la vie des grands hommes pouvait nous intéresser. L'art est étranger à ces considérations. Aux yeux du peintre le portrait d'un homme inconnu par Cranach a autant de valeur que le portrait d'Érasme. Ce n'est pas grâce au nom d'Érasme que ce tableau est inimitable. L'art du biographe serait de donner autant de prix à la vie d'un pauvre acteur qu'à la vie de Shakespeare. C'est un bas instinct qui nous fait remarquer avec plaisir le raccourcissement du sterno-mastoïdien dans le buste d'Alexandre, ou la mèche au front dans le portrait de Napoléon. Le sourire de Monna Lisa, dont nous ne savons rien (c'est peut-être un visage d'homme) est plus mystérieux. Une grimace dessinée par Hokusaï entraîne à de plus profondes méditations. Si l'on tentait l'art où excellèrent Boswell et Aubrey, il ne faudrait sans doute point décrire minutieusement le plus grand homme de son temps, ou noter la caractéristique des plus célèbres dans le passé, mais raconter avec le même souci les existences *uniques* des hommes, qu'ils aient été divins, médiocres, ou criminels.

L'AMOUR

XI

L'AMOUR

Dialogue entre

L'Acteur   Herr Baccalaureus
Hylas   Sir Willoughby
Rodion Raskolnikoff

Ainsi que d'ordinaire, à la fin des déjeuners sans femmes, le café et la cigarette ont amené au-dessus de la nappe l'éternel sujet de conversation entre hommes : l'amour et les interprètes de l'amour. La discussion s'est prolongée. C'est une claire après-midi d'été. On a pris place sur la pelouse dont la pente descend jusqu'à la Marne luisante comme un couperet d'argent. Les convives ont décidé qu'ils perdraient leur journée.

Le Maître de la maison. — Puisque nous avons convenu de nous livrer éperdument au bavardage, voulez-vous que nous choisissions chacun notre rôle? Vous, mon cher helléniste...

Hylas. — Je suis si enfoncé dans l'admirable matérialisme antique et si disposé à me montrer polymorphe et dialecticien, que je vous demanderai de jouer ici un personnage vague dontl es idées générales seules auraient quelque précision. Je prendrai donc le nom de Hylas.

Le Maitre de la maison. — Quant à vous, je n'ai point de doute sur votre préférence, — vous aimez trop Dostoïewski...

Rodion. — Pour ne pas désirer parler au nom de Rodion.

Le Maitre de la maison. — Et vous, qui m'avez fait connaître le grand George Meredith...

Willoughby. — J'essayerai d'être ici le héros de l'égoïsme, sir Willoughby.

Baccalaureus. — Pour moi, je fixerai humblement quelques citations, et je rappellerai à la logique, si vous me le permettez : mes leçons méphistophéliques sont encore toutes fraîches dans ma mémoire.

Le Maitre de la maison. — Et moi qui, à l'exemple de mon cher Panurge, interrogerai tour à tour le philosophe Trouillogan, le vieil poète françois Raminagrobis et l'Oracle, je ne veux point d'autre titre que celui du protagoniste de nos ballades et monologues du moyen âge; je parlerai tout ensemble pour moi, et pour vous faire parler; je serai l'Acteur.

Baccalaureus. — Et donc, monsieur l'Acteur, puisqu'en toute argumentation *pro et contra* il est nécessaire de bien déterminer l'objet et de le définir, c'est-à-dire le borner et le limiter, voulez-vous nous rappeler ce que vous disiez tout à l'heure grossièrement, c'est-à-dire *confusè*, et nous l'énoncer maintenant clairement et dans l'ordre, *distributè?*

L'Acteur. — Je disais, Herr Baccalaureus, *confusè* (puisqu'il vous plaît), que la plupart des hommes ressemblent à Don Quichotte assis devant les marionnettes de *maese* Pedro, et protestant que le spectacle qu'il contemple était vrai : « Réellement et en vérité je vous le dis, Messeigneurs qui m'ouïssez, il m'a paru que tout ce qui s'est passé ici se passait au pied de la lettre, que Melisendre était Melisendre, D. Gaiferos D. Gaiferos, Marsilio Marsilio, et Charlemagne Charlemagne. » Et voilà pourquoi il a grièvement meurtri le roi Marsile et fendu en deux la couronne et le crâne de l'empereur à la barbe chenue. Car les marionnettes lui semblaient les êtres mêmes, avec leurs passions et leurs souffrances. Pareillement, nous nous intéressons profondément au spectacle de l'amour ; et, voyant les gestes des femmes, et écoutant leurs paroles, nous croyons que les marionnettes sont réelles, et elles nous font pleurer, et nous tâchons de les punir ; cependant qu'animés d'une noble folie, nous ne nous sommes pas aperçus que l'âme et la chair de nos amantes étaient jouées et que *maese* Pedro restait accroupi derrière la toile. Je disais encore que moins fou est celui qui demeure plongé dans son illusion, que l'autre qui tâche à en sortir, et qui mutile son jeu à grands coups d'épée. D'autant que lorsqu'il faudra payer la casse le montreur de marionnettes risque fort de se tirer le bandeau de l'œil pour faire reconnaître l'ancien ruffian, ce qu'il eût mieux valu ignorer. Et je ne parle point seulement des gestes spéciaux de l'amour qui, de l'aveu même des marionnettes, sont presque toujours parfaitement imités d'un modèle sensible qu'elles ont toutes copié, mais de tout l'attirail sentimental, depuis la rougeur de l'aveu jusqu'au brisement jaloux de l'éventail, depuis le furtif battement de cils et les petits soubresauts de la gorge émus jusqu'au coup de sonnette irrité qui nous donne notre congé.

Baccalaureus. — Toutes métaphores peu claires, et teintes de littérature imaginative, en sorte qu'elles ne sont nullement propres à un dialogue philosophique ni à une enquête de définitions comme celles qu'on trouve dans les entretiens dogmatiques de Platon; bien loin même de pouvoir se prêter à une argumentation plus concrète telle que nous pouvons en lire dans les conversations philosophiques de M. Ernest Renan, un peu alourdies par l'étude de la théologie.

Hylas. — Je vous arrêterai ici, Herr Baccalaureus. Car notre ami l'Acteur n'a point fait autre chose qu'exprimer à la mode de la Renaissance un mythe inventé dès longtemps par le divin Platon que vous venez de citer.

Les marionnettes de *maese* Pedro ne sont-elles pas toutes pareilles aux statues et aux images d'objets et d'êtres vivants faites de bois et de pierre qu'on transporte sans cesse diligemment devant la petite muraille de la caverne où nous sommes enchaînés ; et, déçus par la lueur du grand feu qui brûle devant la gueule de l'antre, nous prenons les ombres des statues et des images qui dansent sur la muraille pour les hommes et les objets réels : car nos cous et nos cuisses sont enserrés de chaînes, et nous sommes astreints à garder les yeux fixés sur le jeu d'ombres de la muraille, et nous ne pouvons tourner la tête vers la vraie lumière qui nous éblouirait. Et le monde des hommes n'est pas plus différent du monde des marionnettes que le monde des idées du monde des images et des ombres. En sorte que si don Quichotte s'indigne ridiculement contre les poupées du roi Marsile et de l'Empereur Charlemagne, nous ne sommes pas moins fous de nous irriter contre les ombres de l'amour. Voilà ce qu'a écrit Platon, mon cher Baccalaureus, et vous n'ignorez pas que c'est...

BACCALAUREUS. — A la première page du

septième livre de la *République*. Mais, Hylas, comment se peut-il que vous exposiez un mythe aussi idéaliste ?

Hylas. — Aussi n'est-ce point mon opinion, mais celle d'un rêveur. Je tiens que l'Acteur est parti d'une pétition de principes, en ce qu'il suppose accordé qu'il y a dans l'univers autre chose que des marionnettes adroitement combinées. Il insinue ainsi dès le début qu'il y a quelque part une Amoureuse parfaite dont les femmes imitent les mouvements et les passions. Or, cette Amoureuse n'existe point réellement : ou bien nous pourrions la voir, et toutes les femmes ne seraient pas d'adroites poupées. Donc, elle est inexistante et immatérielle ; c'est une idée platonicienne et je la nie. Car je ne prêterai pas à l'Acteur une invention d'automatisme semblable à celle qu'imagina Démocrite et longtemps après lui Villiers de l'Isle-Adam. L'Acteur n'entend point, j'en suis sûr, lorsqu'il nous parle de marionnette, une statue de bois creuse docile au glissement d'une bille de vif argent, ni même une Ève future, mue à l'électricité par le docteur Édison.

WILLOUGHBY. — Vous n'avez tenu compte jusqu'ici, mon cher Hylas, que de la femme imitant la Femme, ou construite comme une poupée par un fabricant de pièces matérielles. Et, afin de satisfaire l'esprit classificateur de notre Baccalaureus, je dirais volontiers que vous êtes resté dans le domaine purement objectif. Que faites-vous donc du Sujet, je vous prie; que faites-vous de l'Homme? L'Acteur nous dit que la femme joue le rôle d'une amoureuse, sans éprouver ses sentiments; vous niez qu'il y ait dans ce monde autre chose que des rôles; ici Willoughby vous interrompt tous deux et déclare : il y a Moi. Je veux bien que la femme soit une marionnette; j'admets qu'elle exécute des gestes sans éprouver d'émotions et qu'elle mime des sentiments qu'on lui a appris. Mais vous êtes bien étranges d'aller chercher pour expliquer son imitation une Amoureuse idéale ou une initiatrice immatérielle de l'amour; où les petites femmes l'auraient-elles connue, je vous le demande? Ce n'est pas dans le monde supérieur fait de jaspe, d'or et de porphyre dont Socrate nous parle (comme vous le savez, Hylas) au dialogue du Phédon. Car elles n'y sont jamais allées. Mais vous vous souvenez, sans doute, mon cher Baccalaureus, du mythe des Mères auquel Gœthe a fait allusion dans *Faust* ?

BACCALAUREUS. —Elles ne sont ni en haut, ni en bas.

WILLOUGHBY. — Et Gœthe a bien raison. Elles ne sont pas plus situées que les Idées de Platon. Mais ce sont les matrices éternelles de toutes choses. D'elles jaillissent les générations immuables d'êtres et d'objets. Elles sont ce qu'il y a de féminin dans la création. Cependant elles produisent, mais passivement. Elles forment les formes, mais elles ont reçu leur forme. C'est ainsi que je veux m'imaginer les amoureuses. Semblables aux Mères de Gœthe, elles font jaillir d'elles éternellement les mêmes formules d'amour. Voilà ce qu'entend l'Acteur lorsqu'il nous dit qu'elles sont les marionnettes, ou Hylas quand il nous explique qu'elles sont les ombres de l'amour. Mais elles en sont aussi les créatrices perpétuelles, et elles le reproduisent toujours semblable à lui-même. Sur quel modèle? Qui donc imposa leur forme aux

Mères ? Qui imposa aux femmes la forme de l'Amour ? Le Dieu créateur fixa pour toujours les matrices perpétuelles des choses. L'homme intelligent imagina l'apparence de l'amour. C'est l'amoureux qui tend aux yeux des femmes l'image qu'il s'est faite de l'amante. C'est sur cette image créée par le Moi que la femme essaye de se modeler. C'est dans l'esprit de son amant que réside l'amoureuse idéale dont les gestes sont imités par l'amoureuse. Et si l'homme, déçu, s'aperçoit que les mouvements sont des motions de marionnette et que les sentiments ont la fluidité des ombres, c'est lui-même qui se trompe lui-même, car il n'étudie que l'image qu'il a projetée. Hélas ! moi seul j'existe, et il faut bien que mes illusions dépendent de moi.

Baccalaureus. — Voir Fichte, *Doctrine de la science*. Mais de là suivent...

L'Acteur. — Des considérations de philosophie allemande que vous nous exposerez, Baccalaureus, une autre fois. Je ne croyais pas m'être engagé dans un sentier aussi méditatif. Il est vrai que tous les chemins mènent à la métaphysique. La clarté du soleil d'aujourd'hui est trop vive pour y promener les êtres en soi. Si vous voulez, Willoughby, nous attendrons un temps de brume. Je me serai sans doute mal exprimé ; oui, Baccalaureus, avec trop de métaphores. En disant que les femmes étaient les marionnettes de l'amour, j'entendais seulement qu'elles ont la dangereuse faculté de le mimer avec une perfection telle que nous le supposons où il n'y en a point. Elles s'accordent toutes à avouer qu'elles simulent le plaisir ; je voulais vous faire reconnaître qu'elles simulent avec une égale aptitude l'intention de le donner. Je ne me plaignais pas ; je constatais. Nous jouons tous ici-bas quelque rôle. Le nom même de « personne » vient de ce masque de comédie à travers lequel sonnaient les voix de théâtre. On pourrait imaginer un conte semblable à celui que fit Her le Pamphylien, fils d'Armenios...

BACCALAUREUS. — Et que Platon rapporte au chapitre treizième du dixième livre de la *République*.

L'ACTEUR. — Baccalaureus doit avoir raison. Donc Her le Pamphylien, ayant été tué dans une bataille, demeura mort pendant dix jours parmi les cadavres ; et le douzième jour, comme on allait l'enterrer, revécut soudain et parla de l'autre monde. Il avait vu l'enfer et les tortures, et les huit cercles colorés des planètes, sur lesquels étaient assises autant de sirènes. Il avait vu aussi les âmes innocentes qui avaient bu l'eau du Léthé et qui s'étaient attroupées autour de Lachésis. Et au giron de la Parque une espèce de prophète saisissait des sorts qu'il jetait au hasard sur les âmes. Chacune ramassait le sort qui était tombé près d'elle et s'y conformait. C'est ainsi que Her le Pamphylien vit distribuer les rôles de l'humanité. Et le prophète joint sans doute des masques à ses sorts. Mais toutes les femmes, quel que soit le sort qu'elles relèvent, prennent le masque de l'amour.

Hylas. — Le récit est parfait : seulement Platon ne le termine pas de même.

L'Acteur. — Je m'en doute. Or ce masque devient leur propre visage, en sorte qu'elles arrivent à prendre conscience de son expression qu'elles n'avaient point consciemment composée. Souvenez-vous du trait charmant que nota l'exquis philosophe qui écrivit les *Quinze joies de Mariage*...

BACCALAUREUS. — Ce n'était autre qu'Anthoine de la Sale, ainsi que le démontra en 1836 M. André Pottier, bibliothécaire de Rouen.

L'ACTEUR. — Anthoine de la Sale, secrétaire de Louis III, roi de Sicile, esquisse donc ce tableau du « déduit » forcé d'une femme avec son mari. « Lors il la baise et l'accolle, et faict ce qui luy plest : et la dame, à qui il souvient d'aultre chose, voulsist estre ailleurs, et le laisse faire, et se tient pesantement, et ne se aide point ne mais ne se hobe qu'une pierre. Et le bon home travaille bien, qui est lourd et pesant, et ne se scet pas si bien aider comme d'aultres feroient. *La dame tourne ung pou la chiere à cousté :* car ce n'est pas le bon ypocras que elle a autresfois eu, et pour ce li ennuye, et lui dit : « Mon amy, vous me « affolez toute, et aussi, mon amy, vous en vauldrés moins. » La dame savait bien que son visage exprimait mal l'amour : voilà pourquoi elle le tourne « ung pou à cousté ». Cette marionnette a pris conscience de ses mouvements.

HYLAS. — Vous traitez bien subtilement de simples réflexes.

BACCALAUREUS. — Je ne savais pas que l'acte d'amour fût un réflexe.

HYLAS. — C'est le meilleur. Nous connaissons aussi les demoiselles qui se livrent en fumant des cigarettes, et De Foe conte dans *Moll Flanders* l'histoire d'une jeune fille qui avait coutume de retourner pendant ce temps les poches de ses amis et d'y glisser même des jetons de cuivre à la place des pièces d'or.

L'ACTEUR. — Ces marionnettes-là se soucient peu de jouer mal. La grosse Margot, de la ballade, répétant son rôle avec Villon, était plus curieuse de sa réputation. Mais nous n'avons que faire de deviser sur les prostituées. Ce sont les véritables poupées de l'Aphrodite populaire. Et je ne songeais point à elles lorsque je parlais comme je faisais. Elles sont marionnettes peintes, habillées, exposées, louées et estampillées.

RODION. — Mais je vous défie, mon ami l'Acteur, et vous, cynique Hylas, et vous, Willoughby le dandy, et vous, trop savant Baccalaureus, de me prouver qu'elles soient des marionnettes de l'amour. Ou plutôt je renverserais la proposition. Quand vous dites que les femmes exécutent les gestes de l'amour sans le ressentir, vous entendez qu'elles imitent une amoureuse réelle. Vous, Hylas, vous avez placé cette image de l'amoureuse dans le domaine objectif, avec les idées platoniciennes; vous, Willoughby, après nous avoir railleusement demandé où les petites femmes auraient fréquenté une si belle idée, vous avez placé l'amoureuse idéale dans le domaine subjectif, puisque c'est l'imagination de l'amant qui la crée. Hylas m'accordera bien que les pauvres courtisanes sont tombées trop bas pour jamais connaître l'Amoureuse assise dans le monde supérieur, sur un trône de porphyre et d'or; et Willoughby n'osera soutenir que c'est sur l'imagination de leurs amants qu'elles modèlent les mouvements de leurs corps et de leurs âmes. Il faut donc que « ces poupées de l'Aphrodite populaire » soient des marionnettes différentes de celles que vous disiez. O Hylas! celles qui baisent le pan de la robe de l'Aphrodite des carrefours sont bien les poupées de l'amour, mais non point telles que vous l'entendiez. Vos autres marionnettes sont imitatrices et vivantes; ce sont des actrices qui n'éprouvent rien, mais qui ont étudié ; ces pauvres marionnettes-là ne savent point imiter ni vivre; elles n'ont rien appris et n'éprouvent pas plus que les autres ; et elles sont vides, Hylas, tout à fait vides. Ce qui soutient les autres, les gonfle et les fait paraître vraies, c'est l'espoir d'imiter l'idéal, ou l'amour créateur de l'homme ; mais celles-ci, ô Hylas, n'ont rien de tout cela, et elles ne sont soutenues ni par elles-mêmes ni par nous. Il faut donc que ce soit un dieu qui les inspire. Ne voyez-vous pas, Willoughby et Hylas, qu'elles sont toutes pleines du souffle de l'Amour? En vérité, elles sont les poupées d'Éros; c'est lui qui les gonfle et qui les anime; et leurs jeux sont ses jeux. Mais sitôt qu'elles ont cessé de lui plaire, il les rejette impitoyablement; et voilà pourquoi il y en a tant de vieilles et de fanées. Car Éros ne se plaît à caresser de son haleine que les lèvres neuves et les seins frais. Sans doute, elles sont les poupées de l'Aphrodite populaire — mais quelles? Ce sont, vous le voyez, les poupées qu'Aphrodite donne à son enfant pour qu'il s'en amuse à son plaisir. Et si ces poupées ne sentent point l'affection qu'elles jouent, ne vous en irritez pas et ne vous affligez pas ; car le jeu n'est pas le leur, et c'est un autre qui joue en elles, dont le souffle s'échappe de leurs bouches et dont les doigts agitent leurs membres; en sorte qu'il est impossible qu'elles éprouvent, puisque c'est un dieu qui les fait agir. Les peuples anciens qui consacrèrent les prostituées et les firent saintes eurent quelque sentiment de ces choses. Ils devinèrent qu'elles n'étaient que les intermédiaires du dieu qui se manifestait à lui-même, et comme les prêtresses qui exécutaient ses gestes ainsi que les prophétesses parlaient avec sa voix. Et celle qui vint dans la maison de Simon et qui mouilla de larmes les pieds du Seigneur et les lui essuya avec ses cheveux ne fut point autre qu'une mandatrice de l'Amour tout-puissant qui adorait l'Amour. Je vois que notre hôte, l'Acteur, me considère en souriant, et qu'il me montre du doigt ce livre de Dostoïewski que je porte partout avec moi. Cependant, je ne vous parlerai ni de Sonia ni de la petite Nelly. Ces pauvres filles divines furent aussi les marionnettes du Seigneur. Mais elles jouèrent le rôle de la Pitié après avoir exécuté les gestes de l'Amour. Car les dieux se servent d'elles tour à tour.

Hylas. — J'admire vraiment l'éloquence persuasive de Rodion, qui n'est point pour me déplaire, car il n'est pas le premier qui ait songé à tirer de l'art des prostituées des enseignements divins.

Baccalaureus. — Je prévois que Hylas va nous citer le troisième chapitre du *Banquet* de Xénophon et peut-être le chapitre onzième du livre III des *Mémorables*.

Hylas. — Baccalaureus a la mémoire divinatrice. Il se souvient donc que Critoboulos, Antisthène, Charmide et Socrate s'interrogent mutuellement afin de savoir ce qu'ils désireraient le plus au monde. Critoboulos voudrait être beau, Antisthène riche, Charmide pauvre. Quand vient le tour de Socrate, il prend l'air grave et son front se fait solennel : « Moi, je voudrais être entremetteur, » dit-il. Les autres rient : « Vous pouvez rire, continue Socrate ; mais je deviendrais bien vite riche à ce métier, si je voulais l'exercer. » Chacun explique ses raisons. Le tour de Socrate venu : « N'est-ce point le parfait entremetteur, dit-il, qui est capable de reconnaître ceux qui se seront utiles les uns aux autres et qui sait leur inspirer le désir de s'aimer ; n'est-ce pas lui qui fera les villes amies et les fidèles mariages, et les indissolubles unions ? Et quel plus beau métier peut-il y avoir que d'unir ceux qui sont faits pour s'aimer ? » Ainsi, mon cher Rodion, même l'entremetteur a pour Socrate quelque chose de divin.

Rodion. — Hylas, vous raillez.

Hylas. — Pas plus que Socrate ni que vous-même tout à l'heure. Baccalaureus s'est souvenu aussi de la visite que rendit le philosophe à la belle courtisane Theodota, celle même qui fut l'amie d'Alcibiade jusqu'à sa triste fin et qui l'ensevelit de ses propres mains, suivant le récit d'Athénée, au bourg de Melissa, en Phrygie. Elle était belle au point que les sculpteurs venaient mouler ses seins afin de modeler sur la sienne les gorges de leurs statues. Socrate l'interrogea et lui parla doucement, en la louant de sa beauté, puis lui demanda par quels moyens elle trouvait ses amis. Et comme Theodota ne savait lui répondre, il lui enseigna qu'elle portait dans son corps une âme divine, qui était sa meilleure amie, et qui lui aiderait à trouver des fidèles, si elle apprenait à la consulter. Socrate raillait-il ce jour-là? Il se peut; mais nous devons croire que Theodota sut entendre même la leçon de cette raillerie, puisqu'elle aima Alcibiade à travers le malheur jusque dans la mort.

Rodion. — Mais, Hylas, n'avez-vous donc point d'avis?

Hylas. — Mon cher Rodion, je ne vois pas pourquoi vous n'auriez pas raison, comme Willoughby, notre hôte l'Acteur, et même Baccalaureus, qui croit à la logique, et qui jure selon les modes de *baroko*, *bocardo* et *fresison*. Le hasard qui fait rencontrer les atomes, monades ou tourbillons est infini. Nous ignorons profondément la raison de leurs mouvements et de leur rencontre. C'est ici que s'arrête mon matérialisme, et voilà pourquoi je puis vous donner raison à tous trois. Notre hôte l'Acteur (qui est resté un peu, malgré lui, du moyen âge) est tout imbu du réalisme, sans qu'il s'en doute, et il aime Platon. Aussi nous a-t-il dit que les mouvements de la marionnette étaient causés par une Amoureuse idéale. Willoughby est plus moderne ; il est égotiste ; il a enfermé l'univers dans son moi, et il veut que ce moi soit la cause des mouvements de la poupée. Vous, Rodion, dans votre profond sentiment de religion, vous ne pouvez attribuer d'autre origine aux rencontres de l'univers que Dieu même ; aussi soutenez-vous que c'est l'être divin qui inspire tous les gestes du jouet. Quant à moi, Hylas, j'avoue humblement que je ne sais pas, et que je m'en tiens à la matière, puisque je ne peux rien voir au delà. Et d'ailleurs, marionnette pour marionnette, j'ignore autant les raisons de mes gestes que les femmes que j'aime, quoique mon ignorance ne soit pas du même degré.

Seulement, pour faire plaisir à Willoughby, qui est bien digne de cette histoire, je vous conterai l'aventure d'un fou qui fut roi de

Thrace et qui peut-être était plus sage que nous. Il se nommait Cotys; son orgueil était arrivé à un point extrême, ainsi que son opulence et l'organisation voluptueuse de sa vie. Il parcourait les forêts de la Thrace, et, dans les endroits qui lui plaisaient, il faisait dresser d'avance des tables pour l'instant où il aurait l'envie d'y dîner avec ses amis. Ce Cotys s'imagina de devenir amoureux de la déesse Athéné, et se décida à l'épouser. Il fit préparer un grand festin et dresser à l'écart un lit splendide incrusté d'or et de pierreries. Puis il s'attabla et se mit à boire avec ceux qu'il avait invités à la cérémonie. Il vida des cratères de vin mêlé et de vin pur. Ses courtisans le félicitaient. Déjà hors de lui, il envoya un garde afin de voir si la déesse ne l'attendait point encore sur sa couche. Le garde revint, et, s'inclinant, dit au roi que le lit était vide. Cotys le tua roide d'un coup de javelot et envoya un second garde. Le garde retourna, rampant, et dit au roi qu'il n'avait vu personne. Un second javelot le cloua sur le sol. Puis Cotys envoya un troisième garde. Et celui-ci, se prosternant devant le roi, lui dit : « Seigneur, voici longtemps déjà que la déesse vous attend. »

WILLOUGHBY. — Et lorsque le roi s'avança vers le lit splendide, il y trouva, n'est-ce pas, toute nue et souriante, la déesse Athéné ?

HYLAS. — Mon cher Willoughby, je n'en sais rien, mais nous pouvons le supposer. Et Cotys ne vous déplaît pas pour avoir imaginé et créé par sa volonté une marionnette divine qui pouvait exécuter tous les gestes et répondre à tous ses désirs, puisqu'elle n'existait que dans sa folie. Car le roi Cotys était fou, Willoughby, et on le vit bien, plus tard, lorsque, dans un accès de jalousie furieuse, il déchira de ses ongles une femme qu'il aimait, en commençant par le bas-ventre. Cependant la marionnette du roi Cotys ne nous satisferait-elle pas tous ? C'était une marionnette, et c'était l'amoureuse idéale, mon cher hôte; le roi Cotys l'avait créée par son imagination, Willoughby; et, ami Rodion, elle était divine, étant déesse.

BACCALAUREUS. — Mais elle n'existait pas.

HYLAS. — Si, dans Athénée, liv. XII, ch. XLII. Vous l'y trouverez, Baccalaureus, pour peu que votre édition ait un index. Et, comme le jour tombe déjà, nous pouvons même rentrer, s'il plaît à notre hôte, afin que Baccalaureus puisse apaiser la soif d'exactitude qui doit le posséder.

L'ART

XII

L'ART

Dialogue entre

Dante Alighieri
Cimabue
Guido Cavalcanti
Cino da Pistoia
Cecco Angiolieri
Andrea Orgagna

Fra Filippo Lippi
Sandro Botticelli
Paolo Uccello
Donatello
Jan van Scorel

En l'année 1522, le pape Adrien VI, qui était d'Utrecht, nomma conservateur du Belvédère de Rome le peintre Jan van Scorel. C'était un jeune homme de vingt-six ans; il revenait de Palestine où il avait accompagné une confrérie de pèlerins hollandais. Jan van Scorel fit le portrait du pape Adrien et considéra diligemment tous les tableaux de Raphaël et de Michel-Ange, qui le transportaient. Dans le printemps de cette année, il eut une aventure.

Il était sorti pendant la nuit de l'enceinte de la capitale pour errer à travers la campagne romaine. La terre aride et ses pierres sèches étincelaient sous la lune. Des tombes anciennes, très blanches, tachaient les ténèbres. Et sur l'un des côtés de la vieille route latine qui menait à Ostie, Jan van Scorel aperçut une tranchée obscure. Quelques grandes dalles semblaient avoir glissé. Il espéra aussitôt que c'était une niche à sculptures, froissa les orties qui jaillissaient entre les pierres et pénétra dans le couloir. D'abord il avança parmi l'obscurité; puis il se fit une sorte de lueur qui n'était point la lueur lunaire. Le chemin creux était pavé de carreaux de marbre lisse. Tout à coup Jan van Scorel se trouva sous une coupole soutenue par des piliers, et il lui sembla qu'il était revenu à la surface de la terre dans la rase campagne. Mais il vit bientôt qu'il devait se tromper. La coupole était à l'entrée d'une sorte de cirque largement assis et illuminé doucement. Tout le sol était tapissé d'une herbe longue et tendre. La brise était parfumée. Et au milieu de cette prairie enclavée dans un lieu inconnu, où il n'y avait point d'horizon, Jan van Scorel remarqua de grands sièges candides où se tenaient des personnages vêtus de robes tombantes. Ils portaient des chaperons de diverses couleurs, mais la plupart avaient la tête couverte de l'aumusse rouge des citoyens de Florence. A l'apparition de Jan van Scorel, ils se levèrent, et lui firent gravement signe d'approcher. Et quand il fut plus près, Jan comprit bien qu'il était en présence d'une illusion de la nuit. Car il reconnut les traits de morts illustres. Celui qui se tenait au milieu semblait être Dante Alighieri, tel que le peignit Giotto. Et auprès de lui étaient Guido Cavalcanti et Cino da Pistoia. Et plus loin, Jan aperçut la face ricaneuse de Cecco Angiolieri. Semblablement il vit Cimabue, tout roidi par l'âge, et Andrea Orgagna, puis Paolo Uccello, le grand Donato, Sandro Botticelli, et un moine carmélite, Fra Filippo Lippi. Ils semblaient paisibles, debout parmi le pré nocturne.

Alors Dante prit la parole et dit :

— Sois le bienvenu, Jan van Scorel, et ne crains pas de troubler notre paix séculaire ; car nous l'avons voulu. La divine conductrice élue qui demeure dans le Grand Cycle et qui contemple éternellement le visage de Celui *qui est per omnia sæcula benedictus* a intercédé pour nous auprès du Maître de la Grâce. Il nous est permis de nous réunir en des temps fixés, et de nous considérer tels que nous fûmes, et d'entendre nos voix telles qu'elles résonnèrent, et de nous entretenir des choses que nous avons aimées. Et cette nuit une grande controverse s'est élevée entre nous ; s'il te plaît, nous te la soumettrons, puisque tu es né dans les temps postérieurs, et tu seras notre juge.

Et Jan van Scorel répondit en tremblant:

— Maître, je n'oserai.

Mais Dante reprit :

— Tu le dois : car le Destin t'a marqué du sceau; et tu répondras en toute innocence ; puis je t'avertirai; cependant, sache que mes paroles ne te serviront pas. J'ai dit et je prétends que les peintres, les sculpteurs et les poètes sont soumis aux femmes qui leur révélèrent l'amour, et que tout leur art ne consiste qu'à se laisser guider par la forme qui leur persuada de l'imiter dans les chansons, ballades et assemblages de vers, ou sur les murailles sacrées, ou dans le cœur du marbre étincelant. Et lorsque je parle ainsi, mes compagnons Guido et Cino se taisent; mais le méchant railleur Cecco éclate de rire; Cimabue demeure grave; Donato réfléchit; Sandro a un sourire douteux; Orgagna et l'Oiseau rient en secouant la tête, et je ne suis approuvé que par Fra Filippo; mais je crains que nous n'entendions point la même chose.

Or écoute-moi, Jan van Scorel, et pèse ce que je dirai. La vie nouvelle commence, pour moi, dans le livre de ma mémoire, à la fin de ma neuvième année, le jour où j'aperçus la très gracieuse dame que certains nommèrent ici Béatrice. Elle avait une robe de couleur cramoisie, soutenue par une ceinture; et dès que mes yeux tombèrent sur elle, Amour gouverna mon âme et je désirai être conduit par Béatrice durant ma vie. Et quand elle fut entrée dans la cité de vie éternelle, je m'appliquai à la revoir dans les chambres secrètes de mon intelligence et elle me prit par la main et me mena parmi l'enfer, et dans les routes intermédiaires, et parmi le ciel. D'abord, à la première heure du neuvième jour de juin, en l'année 1290, je fus frappé de stupeur; car la Douleur entra et me dit : « Je suis venue demeurer avec toi, » et je m'aperçus qu'elle avait amené en sa compagnie la Peine et la Bile. Et je lui criai : « Va-t-en, éloigne-toi ! » Mais, comme une Grecque, elle me répondit, pleine de ruse, et argumenta souplement. Puis voici que j'aperçus venir Amour silencieux, vêtu de vêtements noirs, doux et nouveaux, avec un chapeau noir sur les cheveux ; et certes, les larmes qu'il versait étaient véritables. Alors je lui demandai : « Qu'as-tu, joueur de bagatelles? » Et me répondant, il dit: « Une angoisse à traverser; car *notre* dame est mourante, mon cher frère. » Alors tout se voila pour moi dans ce monde, et mes yeux devinrent las de pleurs, et voici que le jour qui accomplissait l'année que ma dame avait été élue dans la cité de la vie éternelle, me souvenant d'elle tandis que j'étais assis seul, je me pris à dessiner la semblance d'un ange sur certaines tablettes. Et cependant que je dessinais, comme je tournais la tête, je perçus qu'il y avait auprès de moi des gens que je devais courtoisement saluer et qui observaient ce que je faisais. Et je me levai, par respect, et je leur dis : « Une autre était avec moi. »

Et depuis ce jour, Jan van Scorel, elle ne m'a point quitté. Quand j'envoyai mon livre au temps de Pâques à mon maître Brunetto Latini, ce fut ma fillette que je chargeai de le lui apporter. Et quand, au milieu du chemin de ma vie, je traversai deux mondes douloureux pour parvenir à entrevoir les gloires éternelles, Béatrice était devant moi, Béatrice tendait le doigt vers les choses que je devais voir.

Je me souviens, Guido, que je t'envoyai jadis un sonnet au sujet de celles que nous aimions. O mon cher Guido, j'y nommais Monna Giovanna, qui fut la compagne de ma chère Béatrice : les gens de Florence, à cause de sa grâce, la surnommaient Primavera, et ainsi que le printemps précède l'année, je la vis un jour marcher devant ma divine dame. Or, dans mon sonnet, j'exprimais le souhait d'un voyage. Il me semblait que je serais parfaitement heureux si le temps de ma vie coulait au balancement d'une barque errante où nous aurions été trois, Lapo Gianni et toi, Guido, et moi Dante. Nous, compagnons anciens, nous nous serions tenus les mains. Et notre barque aurait été guidée par la dame Giovanna, la dame Béatrice, et celle qui était la trentième parmi les soixante beautés de Florence, la dame Lagia. Et tout le temps de notre vie se serait passé à deviser d'amour; car, en vérité, Guido, la vie n'est faite que d'amour, et l'art, qui est une purification de la vie, n'est que d'amour transfiguré. Et je ne crois pas, Guido Cavalcanti, que tu puisses me contredire; car c'est toi qui me donnas l'explication du cœur enflammé.

Alors GUIDO CAVALCANTI se mit à sourire et dit :

— Ce rêve t'avait troublé étrangement, Dante. Et, en effet, c'était un inquiétant présage. Amour tenait ta dame endormie, roulée dans un manteau ; puis il la contraignait à manger ton cœur ; puis il disparaissait en pleurant. J'interprétai ton songe par son contraire, sachant que douleur pendant le sommeil signifie joie. Et dans ce temps tu fus heureux ; mais il s'est trouvé qu'Amour ne t'avait point trompé par ses larmes. A cause de ce rêve où tu as nourri de ton cœur celle qui devait mener ta vie, je ne dirai pas le contraire de tes paroles. Mais, Dante, tu nous as représentés tous trois, Lapo, toi et moi, dans une barque guidée par Lagia, Béatrice et Giovanna. Crois-tu que la barque ait été guidée par les trois dames durant toute notre vie ? J'étais assis à la poupe, et je regardais le sillage ; voici que je tournai la tête, et Monna Giovanna n'était plus là. A sa place, je vis une autre dame qui avait les mêmes yeux, et le même regard de printemps ; mais elle se nommait Mandetta, et elle était de Toulouse. Et Lapo considérait la crête d'une vague ; voici qu'il tourna la tête, et Monna Lagia n'était plus là. A sa place, il vit une autre dame, dont les cheveux étaient ceints d'une guirlande, et qui montrait ses dents entre des lèvres très rouges ; et elle n'avait même pas de nom. Et toi, Dante, tu scrutais le fond ténébreux de l'Océan ; voici que tu tournas la tête, et Béatrice, oui, Béatrice, n'était plus là. Dante, tu te frappas la poitrine, et tu gémis, et tu te maudis toi-même ; mais à la place de Béatrice était une dame froide et blanche et dure comme la pierre, dont la tête était ceinte d'herbe verte mêlée de fleurs ; et sa robe était de couleur verte, non pas cramoisie, et le blond de ses cheveux était uni au vert de l'herbe fraîche ; et cette dame était de Padoue, et son nom était Pietra degli Scrovigni ; et souviens-toi, Dante : sitôt que tu l'eus aperçue, tu composas pour elle et tu récitas dans la barque une admirable sextine. La barque semblait donc être conduite par les trois dames ; mais la force qui la menait était dans nos cœurs, Dante, et c'était la force de l'Amour.

Mais Cino da Pistoia prit la parole :

— Tu accuses faussement Dante, dit-il. De Lapo Gianni je ne dirai rien puisqu'il n'est pas là ; et peut-être qu'il eût su défendre ses obscures amours. Pour toi, Guido, s'il est vrai que tu aies cessé d'adorer Giovanna de Firenze pour invoquer Mandetta de Toulouse, n'est-ce pas parce que celle-ci avait les mêmes yeux ? Et n'est-il pas vrai que c'est la ressemblance qui t'a attiré vers Mandetta, et que tu n'as pas cessé de te laisser conduire par l'image de Monna Giovanna? N'est-ce pas cette image qui s'est emparée de ton esprit et qui règne sur tes yeux et qui règne sur ton cœur? Ainsi elle a mérité une fois de plus de porter le nom de Giovanna, selon celui de saint Giovanno le Précurseur; car elle a été l'Annonciatrice et véritablement la Prima-Vera, la première saison. Et si Dieu eût voulu te donner, à l'égal de la noblesse, le don de la poésie suprême, c'est Giovanna, la Prima vera, qui t'eût mené sur la route que suivit Homère ainsi que l'a fait pour Dante la divine Béatrice. Maintenant que nous parles-tu de Monna Pietra, de la sextine, et du caprice de Dante? Il ne s'est point laissé conduire par cette Pietra, et c'est la même Béatrice qui lui a montré les dames au Paradis. Ah! pourquoi ne lui a-t-elle pas fait voir, au sommet de l'escalier sacré, ma chère Selvaggia, dont le corps repose tristement sur le mont della Sambucca, dans le sauvage Apennin?

CIMABUE interrompit Cino, d'une voix grave et comme lointaine.

— Béatrice n'a pas montré ta Selvaggia au Dante, parce que toi seul, Cino, tu pouvais la voir. Il ne suffit pas de tendre la main à la femme et de se laisser mener, les yeux bandés. J'ai dû longtemps regarder celle que j'aimais pour y voir la sainte Mère de Dieu; mais enfin je l'ai vue, et, avec l'aide divin, j'ai essayé de la peindre.

Ici, Cecco Angiolieri se mit à ricaner. Et tous se tournèrent vers lui : car il semblait que la paix de la nuit fût troublée.

Cimabue lui dit :

— Cecco, que nous veux-tu ?

Cecco Angiolieri répondit en grinçant des dents :

— Ce n'est pas à toi que je veux parler, mais à Dante Alighieri, qui est trop fier. Je lui ai déjà crié de venir à mon école y prendre des leçons; il ne vaut pas mieux que moi; j'ai menti, et il ment encore; il a mangé la graisse, moi j'ai rongé les os; il a jeté la navette, moi j'ai tondu le drap; et je le défie — car je suis l'aiguillon, et il est le taureau. Que parle-t-il de Béatrice, et des femmes qui l'ont conduit par la main? Moi aussi, j'ai aimé— je vaux autant que lui. Et ma Becchina, la fille du savetier, était aussi jolie que sa Bice Portarini. Mais j'étais nu comme une pierre d'église; et mon plus haut souhait allait jusqu'à désirer être souillon de cuisine, pour renifler l'eau grasse de la vaisselle. Je n'avais pas un florin, non, pas la millième partie d'un florin. Et à cause de cela le mari de Becchina, qui était orgueilleux de ses sacs d'or, me méprisait, et je ne pouvais la voir. N'est-ce point misérable? Car j'avais un père vieux et riche, qui possédait de vastes domaines, et qui ne me donnait rien. Ainsi j'ai vécu dans la boue du fossé. Un jour le vieillard me refusa même un verre de vin maigre. Et j'écouterais parler cet orgueilleux qui fait des fautes de poésie? Car dans le dernier sonnet de la *Vie Nouvelle* il commence par dire qu'il n'a point compris le doux langage qu'un ange lui adressait au sujet de Béatrice (c'est à l'endroit où les vers changent de mesure); puis dans l'envoi, il dit aux dames qu'il a compris. C'est une indigne contradiction; et je ne veux point continuer à souffrir que tout le monde porte respect à un mauvais poète qui a été heureux.

Cimabue reprit la parole et dit :

— O Cecco, pourquoi donc es-tu parmi nous?

Et Cecco ne répondit rien.

— Je parlerai pour toi, dit Cimabue. Tu es avec nous parce que malgré ta misère et l'affreux désir que tu avais de voir mourir ton vieux père, l'amour de Becchina, la fille du savetier, t'inspira de beaux vers, et que tu fus poète. Et nous n'avons point à comparer ta Becchina à Béatrice ; mais sache que c'est sa petite main qui t'a tiré du fossé où tu croupissais pendant ta vie pour t'amener dans le cycle heureux où Dieu t'a permis de reposer.

Alors il y eut un silence. Puis le moine carmélite se mit à rire. Cecco se retourna vers lui, la bouche tordue, et cria :

— Ris-tu de moi, face encapuchonnée, faux dévot ?

— O Cecco Angiolieri, dit Fra Filippo Lippi, je ne me querellerai pas avec toi ; j'aime trop la bonne humeur. Ce n'est pas de toi que je me moquais ; mais je riais en songeant aux belles pensées de Cino da Pistoia, avec son invention des images. Vois-tu pas qu'il a excusé Guido Cavalcanti en le faisant convenir que Mandetta de Toulouse ressemblait à Giovanna de Florence? Et n'a-t-il pas tiré une admirable conclusion, lorsqu'il a dit que c'était toujours la même image qui inspirait les vers de Guido? Pardieu, je ne suis pas si subtil, et je n'y entends qu'une chose, c'est que Messer Cavalcanti doit être bien peu capable d'aimer, pour aimer toujours la même image. Moi j'en ai aimé beaucoup, et elles étaient toutes bien différentes. Dante et Cino, vous aimiez des mortes, et vous vous enfermiez dans des cellules. J'ai aimé des femmes vivantes, et il aurait fallu être bien habile pour m'enfermer. Cosimo de Medici a essayé pendant deux jours. La troisième nuit, j'étais las de peindre l'Annonciation ; j'ai fait une corde avec mes draps de lit, et je suis allé rejoindre une belle fille qui devait m'attendre juste au coin du Palazzo Medici. Du reste, elle m'a servi et je l'ai figurée au moins dans deux tableaux ; c'est un ange dans l'un, et dans l'autre une sainte. Mes saintes ont tous les visages, et ce sont les visages de filles dont je ne me rappelle même pas les noms. Je les ai bien aimées, au moins; mais j'en changeais. Et elles ne se ressemblaient aucunement, Cino, aucunement.

Cino dit gaiement :

— Mais Lucrezia ?

— Crois-tu donc que je lui aie été fidèle ? répondit Fra Filippo Lippi, en éclatant de rire. On peut dire que celle-là était jolie, pourtant. J'en ai été très amoureux. Je venais de quitter mon frère carmélite Fra Diamante, qui avait été novice avec moi. Les nonnes de Sainte-Marguerite me demandèrent un tableau pour leur maître autel. Et je vis parmi elles une novice, qui était fille de Francesco Buti, citoyen de Florence. C'était l'image parfaite d'une sainte. C'était Lucrezia. Il me la fallut pour modèle de la Vierge; les stupides nonnes me permirent de la peindre. Ah ! que Lucrezia est belle dans ce tableau de la Nativité ! Pouvais-je ne point être amoureux d'elle ? Le jour qu'elle alla en procession visiter la Ceinture de Notre-Dame que l'on conserve au Prato, je l'enlevai et je m'enfuis avec elle. Son père, Francesco, essaya par tous les moyens de la reprendre, mais elle voulut rester avec moi. Cependant, tu peux regarder mes vierges et mes saintes, Cino : elles ne ressemblent pas toutes à Monna Lucrezia. Les femmes qu'on aime sont bonnes à peindre : voilà ce que je pense.

Là SANDRO BOTTICELLI, qui souriait mystérieusement, parla, et s'adressant à Fra Filippo :

— Mais n'est-il pas vrai, ô Maître, dit-il, que tu n'as point possédé toutes les saintes qui sont dans tes peintures !

— C'est vrai, répondit FRA FILIPPO; je ne plaisais pas à toutes; mais j'ai été amoureux d'elles toutes.

— Et n'ai-je point ouï dire, continua BOTTICELLI, que, lorsque tu n'obtenais pas celles que tu désirais, tu t'appliquais à les peindre, et que ta passion avait disparu lorsque tu les avais représentées sur tes fresques ?

— C'est vrai aussi, avoua FRA FILIPPO; mais Sandro, tu ne dois pas trahir ton maître.

— Je ne te trahis pas, ô peintre divin, reprit Sandro; je veux seulement te montrer que tu n'es point différent de Dante ou de Cino. Puisque ta passion cessait entièrement, sitôt que la femme que tu aimais avait été transfigurée dans ton art, c'est que cette femme gouvernait ton art, ou, si tu veux, que l'Amour t'attirait vers l'art et que l'art suffisait à satisfaire ton amour. Si donc tu te plaisais à peindre des créatures que tu ne pouvais point toucher, et si ta passion parvenait ainsi à se repaître, tu n'es nullement différent de Dante, ou de Cino qui ont aimé des mortes et qui les ont chantées.

— Mais toi, dit Fra Filippo, Sandro, que penses-tu toi-même?

— Mon maître, dit Sandro Botticelli en souriant toujours, je ne veux point avoir d'avis et j'écoute parler les autres. Voici Andrea Orgagna qui vous instruira mieux que moi; je suis fort illettré, ainsi que le déclara le vicaire de ma paroisse, lorsqu'il me reprocha d'avoir gravé des estampes pour *l'Enfer* de Dante, puisque mon ignorance ne me permettait point de comprendre ses vers. C'est ce que le vicaire n'eût pas osé dire au grand Orgagna qui a devisé les mêmes scènes que peignit son frère au Campo Santo; je le laisserai donc parler pour moi; il est plus ancien et plus digne.

Orgagna prit alors la parole; il avait la barbe rase; un grand chaperon lui entourait la tête, et son visage était arrondi et plat.

— Je ne connais point l'amour, dit-il abruptement; je n'ai été amoureux que d'une femme, et j'ai peint son triomphe. C'est la Mort. Elle est enrobée de noir, et elle vole dans l'air, tenant une faux, et elle épouvante les rois. Il y en a trois, couchés dans trois sarcophages dorés, et ils pourrissent : et trois rois à cheval les contemplent. Les chevaux eux-mêmes s'effarent et l'un des rois vivants se bouche le nez. Cependant de l'autre côté d'une haute montagne, au milieu d'une prairie, sous l'ombre des orangers, de joyeuses jeunes filles sont assises, et des chevaliers leur font l'amour. Le plus beau est coiffé d'un chaperon azuré et un faucon est perché sur son poing. Monarques et amoureux, ils sont tous soumis à la triomphatrice ; car la mort est plus forte que la puissance et que l'amour.

— Et le temps est plus fort que l'art qui s'inspire de la mort, dit DONATELLO; car je t'instruirai, Orgagna, sur le sort de la fresque du Campo Santo, dont tu sembles si fier. Elle est entièrement détruite, et nous ne la connaissons que par de mauvaises copies et le récit des écrivains. Au lieu que l'art de Fra Filippo et de Sandro Botticelli, qui se laissèrent guider par des femmes amoureuses, n'a pas péri. Ainsi tu avais raison de peindre le triomphe de la Mort; car la Mort a triomphé de ton œuvre.

Orgagna, triste, détourna la tête, enfonça son chaperon sur son visage, et garda le silence.

Mais CIMABUE s'avança vers lui et lui toucha l'épaule.

— Ne t'afflige pas, Andrea, dit-il, car le peuple admire encore ta composition de *l'Enfer*, sur la muraille de l'église de Santa-Croce; et si elle n'arrive pas jusqu'aux âges futurs, du moins la mémoire en sera éternelle. Car tu y as flagellé les méchants, à l'exemple de notre Maître dans sa Comédie. Et par là tu t'es soumis à la règle de celle qui le mena dans son douloureux voyage ; et tu vois que l'amour, malgré toi, a triomphé de toi, et que Béatrice, par le moyen de Dante, t'a inspiré ton art.

Cecco Angiolieri murmura :

— C'est sans doute de l'art que d'avoir placé ses amis au milieu des élus, tels que le médecin Messer Dino del Garbo, avec son chaperon rouge doublé de petit-gris, ou d'avoir envoyé ses ennemis chez les damnés ainsi que Guardi, sergent de la commune de Florence, qu'un diable traîne à son crochet, coiffé de son bonnet blanc à trois lys rouges. Peut-être que la divine Béatrice a ordonné tout cela; pour moi, même Becchina ne m'eût point fait loger en enfer comme magicien le grand savant Cecco d'Ascoli, que les cruels Florentins eurent l'audace de brûler. Mais patience et écoutons. Voici l'Oiseau qui va gazouiller.

Et en effet, Paolo di Dono, que les Florentins nommèrent Uccello, élevait timidement la voix. Il était très vieux et ses yeux paraissaient troubles.

— Je m'étonne, dit-il, d'entendre de grands peintres disserter sur l'art en cette façon. Pour ce qui est des poètes, ils ne considèrent point de même que nous la nature et les hommes, et je ne puis comprendre exactement ce qu'ils pensent. Sans doute, Orgagna se trompe, lorsqu'il méprise tout ce qui vit, en nous proposant la Mort pour divinité de la peinture ; mais il n'est pas juste non plus de prétendre que la femme règne sur notre art, même si elle n'est, comme certains l'ont fait entendre, que l'intermédiaire de l'Amour. La peinture est la science d'assembler des lignes et de placer des couleurs selon les lois de la perspective. Il faut étudier Euclide. Il faut écouter Giovanni Manetti, qui connaît les mathématiques. Il faut examiner attentivement les inventions d'architecture de Filippo Brunelleschi. J'ai peint sur un tableau oblong les portraits des cinq hommes qui, après Dieu, ont recréé l'univers. Et d'abord j'ai placé l'image de Giotto, qui a inventé la peinture telle que nous la connaissons ; puis vient Filippo di Ser Brunellesco, pour l'architecture ; le troisième est Donatello, pour la sculpture ;

le quatrième, c'est moi, Paolo, pour la perspective et les animaux; le cinquième est Giovanni Manetti, pour les mathématiques. Il n'existe rien en dehors de cela. Ce tableau résume tous les aspects du monde. Car la seule réalité consiste dans les lignes et dans la mesure des lignes, et les objets représentés n'ont point d'importance. Et moi, Paolo Uccello, j'ai passé de longs jours à dessiner des chaperons à plis, carrés ou coniques, ou ronds ou cubiques, des *mazocchi* dont certains se sont moqués. En quoi ils se trompent : car il y a plus d'avantage pour l'art de la peinture à faire voir les différents aspects de cent *mazocchi* qu'à creuser au hasard le sourire d'une Florentine. Ainsi m'aide Dieu, donnez-moi trois beaux *mazocchi*, dont j'ignore les plis, et je vous abandonne les femmes pour vous inspirer.

Alors SANDRO BOTTICELLI lui dit, railleusement :

— Te souviens-tu, l'Oiseau, de ta dernière peinture, qui devait être un chef-d'œuvre et que tu avais entourée d'un enclos de planches? Un jour, Donato te rencontra et te demanda : « L'Oiseau, quelle est donc cette œuvre que tu enfermes si soigneusement? » Et tu lui répondis : « Tu la verras un jour. » Et lorsque tu l'eus terminée, il se trouva que Donatello achetait des fruits au Vieux Marché dans le moment que tu la découvrais ; et il considéra ton tableau et te dit : « O Paolo, tu découvres ton œuvre à l'instant même où tu devrais la cacher aux yeux de tous! » Et Donatello ne se trompait nullement, l'Oiseau, car il n'y avait dans ta peinture que des lignes. Tu n'en fis point d'autres après celle-là. J'aimerais mieux pour ma part avoir dessiné le sourire d'une fille.

Mais Donato, s'approchant de Paolo, l'embrassa en lui assurant qu'il avait peint bien d'autres tableaux dont la renommée serait immortelle.

Et voici que la nuit se faisait plus claire. Et DANTE parla de nouveau à Jan van Scorel, et il lui dit :

— Juge-nous.

Et JAN VAN SCOREL répondit :

— J'ai été conduit par l'amour, et je le suivrai partout où il me mène. Je suis né au bord d'une mer grise, dans un village des dunes, et j'ai travaillé à Amsterdam chez mon maître Jacob Kornelisz. Il avait une fillette de douze ans, modeste et blanche. Je l'aime, et je suis parti au loin afin de gagner de l'argent pour l'épouser. Et j'ai vu Spire et Strasbourg et Bâle, et à Nuremberg j'ai visité Albert Durer, et j'ai traversé la Styrie et la Carinthie. Or, il y avait dans cette contrée un grand baron qui s'est épris de ma peinture. Il a une fille, ardente et belle. Il m'a offert de l'épouser. Mais j'avais au cœur l'image de la fillette de mon pays, si douce, si pure. J'ai refusé la tentatrice. Et je suis allé à Venise, où un père des béguines m'a emmené à Jérusalem, pour voir le Saint-Sépulcre. Là j'ai connu la religion. Puis je suis revenu par Rhodes et Malte jusqu'à Venise. Et de là je suis arrivé à Rome, où le pape me tient en faveur. Et je souffre, car mon amour est attiré vers ma tendre fillette ; mais mon désir va vers la tentatrice de Carinthie. Et je ne puis peindre la Vierge sans la faire à la ressemblance de ma petite fiancée ; et je ne puis imaginer Ève et Madeleine qu'à la ressemblance de celle dont les yeux solliciteurs m'invitèrent à rompre mon serment. Telle est mon histoire : mais, ô Maître, je tends la main à mon amour.

Et Dante lui dit :

— Tu nous a donc jugés, car tu n'as point abandonné ta conductrice. Et elle te mènera plus haut que tu ne penses, ainsi que la mienne m'a menée. O Jan van Scorel, tu seras malheureux et déçu ! Celle que tu aimes est mariée à un marchand d'or ; et tu ne retrouveras point la tentatrice. Alors tu entreras en religion, et tu proclameras ton art par elle et en elle. Car la religion est le terme de l'amour, soit que la conductrice nous tienne par la main pour gravir l'escalier sacré, soit qu'elle nous abandonne devant la première marche.

Et Dante, levant les yeux au ciel, aperçut une constellation limpide comme de l'eau tremblante :

— Béatrice nous appelle, dit-il, et nous devons retourner. Souviens-toi de la parole divine : « Cherche, et tu trouveras. »

La prairie secrète disparut avec ses formes

dans la nuit blanche. Et le peintre Jan van Scorel reconnut qu'il était sur l'ancienne route latine ; et, les yeux baissés, il rentra dans Rome.

L'ANARCHIE

XIII

L'ANARCHIE

Dialogue entre
Phédon
Cébès

Cébès. — Phédon, étais-tu toi-même auprès de Démochole, le jour où il fut mené de la prison au supplice, ou tiens-tu le récit de quelqu'un ?

Phédon. — Je n'y étais point, Cébès, car les magistrats avaient interdit aux disciples de Démochole de se rendre auprès de lui, et des gardes se tenaient sur les routes afin de nous éloigner de la cité. Mais Xanthos, qui était chargé de la surveillance de la prison, et qui d'ailleurs est un homme doux et juste, m'a raconté très exactement ce qui se passa.

Cébès. — Que dit Démochole avant de mourir, et de quelle manière mourut-il ? Je l'apprendrais avec plaisir.

Phédon. — Il me sera facile de te satisfaire, car je me souviens des paroles mêmes de Xanthos. Voici donc ce qu'il m'a rapporté. Avant le point du jour, me dit-il (car la coutume est que les condamnés meurent au soleil levant), j'entrai dans la prison et je m'avançai vers le lit de Démochole, qui s'était voilé la tête pour dormir. Je lui frappai doucement sur l'épaule. « Tu sais, lui dis-je, ce que je viens t'annoncer. Adieu ; tâche de supporter avec courage ce qui est inévitable. » Démochole, me regardant, répondit : « Il serait malheureux, mon ami, que le courage m'abandonnât dans une pareille circonstance. Mais n'aie point de craintes : je ferai ce que tu dis. » En même temps, il s'assit sur son lit, et pliant la jambe d'où on venait d'ôter l'entrave : « Quelle chose étrange », dit-il...

Cébès. — Mais, mon cher, ne te trompes-tu pas, et n'est-ce point la mort de Socrate que tu nous racontes une seconde fois ?

Phédon. — Nullement, ô Cébès, bien qu'en effet il est possible que tu trouves dans mon récit quelque ressemblance. Mais laisse-moi achever; ensuite, si tu veux, nous examinerons ensemble par où différa le langage de Démochole. Ainsi premièrement Démochole ne fit point, à propos de sa jambe, un discours sur le plaisir et la douleur, mais il remarqua simplement que ses pieds étaient gonflés, et qu'il ne pourrait mettre ses chaussures pour marcher jusqu'au lieu du supplice.

Ensuite, continua Xanthos, Démochole se leva et prit ses vêtements en souriant, sans permettre qu'on l'aidât. « Je me ferai beau parmi les beaux, dit-il, pour ce jour de fête. » On lui apporta une coupe d'eau fraîche. Il la but d'un trait; se tourna vers ceux qui étaient là et demanda : « Y a-t-il quelqu'un parmi vous qui veuille causer et discuter avec moi ? Par le nom de la Divinité, jamais je ne me suis senti mieux disposé aux entretiens philosophiques ! » Mais ses disciples n'étaient point près de lui et personne ne put répondre. Le serviteur des Magistrats, qui était un Scythe nommé Teippeleros, s'approcha alors pour lui attacher les mains. Démochole, le voyant : « Fort bien, mon ami, lui dit-il ; mais que faut-il que je fasse ? Car c'est à toi de m'instruire. On voit, en effet, que tu es habile dans ton art. » Le serviteur garda le silence. « Voyez, dit Démochole, quelle honnêteté dans cet homme : il a conscience de la laideur de sa fonction ! » Puis il ajouta : « Si j'étais parmi les sages, il me serait facile de parler du progrès et de la civilisation. Mais je n'ai d'autre science que d'aimer les hommes et j'ignore pourquoi ils respectent la Divinité plutôt qu'eux-mêmes. » Tandis qu'on le menait au supplice, il chanta des imprécations contre les riches et la Divinité afin qu'on les précipitât dans le Tartare. Les aides s'emparèrent de lui et le couchèrent. Il releva la tête et (ce furent ses dernières paroles) il souhaita à haute voix le salut de la République.

Cébès. — Ainsi, mon cher Phédon, il est impossible de conjecturer quelles furent les occupations et les pensées de Démochole depuis qu'il entra dans sa prison ? Car, pour Socrate, nous avons pu le voir tous les jours, tandis qu'on attendait le retour du vaisseau que les Athéniens avaient envoyé à Délos.

Phédon. — Mais, Cébès, Démochole a laissé des traités de philosophie qu'il s'amusa à composer dans la solitude, où il parle de la vie et de l'association des citoyens, du travail et de l'amour. Entre autres, il a écrit un très beau mythe, dans lequel il imagine que les hommes, parvenus à l'existence parfaite, renverseront les haies, les murailles et les bornes, mettront les femmes en commun, cesseront de travailler, et mangeront à leur fantaisie tous les jours du fromage de montagne, du poisson salé, des pâtes bouillies à l'huile, des fruits mûrs et des herbes confites dans le vinaigre. Telle est la vie que Démochole se proposait de nous faire mener sur la terre.

Cébès. — Et, par Héraklès, ne te souviens-tu pas que Socrate, le dernier jour de sa vie, nous parla du monde supérieur, où les montagnes sont couleur d'or, et les rochers de jaspe et d'émeraude; en quoi il ne paraît nullement avoir entendu autre chose que Démochole. Car les poètes comiques Téléclide et Phérécrate ont aussi décrit cet âge heureux où les arbres portent des saucisses et des boudins, où les fleuves roulent des quartiers de viande chaude parmi la sauce, où les poissons, de leur propre mouvement, viennent se griller, et répondent, quand on les appelle : « Attends encore, je ne suis cuit que d'un côté ! »

Phédon. — Tu pourrais dire aussi bien que Socrate, comme Démochole, n'ayant jamais écrit, s'amusa dans sa prison à mettre en vers moraux les fables d'Ésope ; et qu'il désira de même discuter sur la philosophie avant sa mort ; et qu'on l'accusa aussi d'avoir insulté les dieux ; et qu'il causa doucement avec le serviteur des Onze, en l'interrogeant sur le poison, comme fit Démochole pour le Scythe. Mais, mon cher Cébès, Socrate avait un esprit subtil et il raillait doucement, s'étant comparé à un entremetteur qui réunit, par de belles paroles, les gens faits pour s'aimer. Et il est vrai qu'il dédaigna les recherches divines et les mythes sur Borée, La Gorgone et Typhon, estimant qu'il n'avait point encore assez étudié la maxime du temple de Delphes et ne sachant s'il n'était point lui-même un monstre plus compliqué que ce Typhon des mythologues. Nous savons qu'il chercha aussi le bonheur des hommes, quoiqu'il préférât le placer dans une autre vie, et qu'il discutait volontiers avec les gens du commun pour les amener à connaître la vérité. Cependant, ô Cébès, son ironie était cachée; il ne disait point directement les choses, comme Démochole, et son amour n'était ni violent, ni désordonné, en sorte qu'il n'eût pas détruit les cités pour parvenir à la vie idéale, mais qu'il se contentait d'instruire et de persuader les jeunes gens.

Cébès. — Il me semble, Phédon, que tu mets un peu de hâte dans ta distinction; car je me souviens d'avoir entendu Socrate essayer de démontrer à Callias que la richesse était une chose pernicieuse; et il marchait lui-même pieds nus, buvant comme chacun l'ordonnait; et il répondit directement aux juges qu'il se condamnait à être nourri aux frais de la cité. Et, par Héraklès, n'est-il pas clair que le souhait pour le salut de la République est en tout semblable au sacrifice du coq à Esculape? Car Socrate ne respectait point ce demi-dieu d'Athènes, non plus que Démochole la République. Mais ils moururent tous deux, affectant de révérer ce qui les avait fait condamner par le mépris qu'ils en avaient, et ce qui les guérissait du pire des maux, la vie.

Phédon. — Si je jurais que je ne te crois point Cébès, il me faudrait dire, avec Euripide, que la *bouche a juré, non le cœur*. Toutefois, avant de rien décider, nous ferons sagement de demander à Platon...

II

. . . .

. . . . L'esclave nous accompagna jusqu'au port de l'île des Bons Tyrans, où quelques oliviers agitent leurs feuilles grises et luisantes. Il nous souhaita un heureux voyage et retourna vers ses maîtres. Nous vîmes encore un peu de temps sa tête qui semblait avancer seule dans le chemin creux, entre les dunes, parmi les roseaux. Puis nous nous embarquâmes; et toute la journée suivante le navire fut enveloppé dans la brume. Pendant la nuit, le ciel s'éclaircit et le pilote nous guida à la lueur des étoiles pâles. Ainsi nous naviguâmes douze jours, et, le treizième, nous aperçûmes une ligne brune à l'horizon et de minces colonnes fumeuses qui montaient isolément dans l'air. Le pilote nous dit que c'était l'île des Éleuthéromanes, et nous eûmes le désir de la visiter. Il voulut nous persuader de ne point y atterrir ; mais nous étions lassés de la mer et curieux de ces hommes sauvages. Notre proue fut donc tournée vers l'île nouvelle, où nous arrivâmes deux heures après le lever du soleil.

Le débarquement fut pénible ; je ne sais si les Éleuthéromanes s'étaient avertis (car ils ont très peu de rapports les uns avec les autres); mais ils coururent en foule sur le rivage, chacun tenant une longue perche, au moyen desquelles ils s'efforcèrent de nous écarter de la côte, imaginant que nous venions de l'île des Bons-Tyrans qu'ils redoutent extrêmement. A peine eûmes-nous tiré notre bateau sur le sable, qu'ils s'enfuirent de tous les côtés laissant seulement un vieillard, qui agitait une branche d'arbre autour de lui afin de se protéger. Nous essayâmes de lui parler : mais il nous fit signe qu'il n'entendait pas —

et, en effet, il n'avait pas d'oreilles. Comme nous en témoignions notre surprise, le pilote nous expliqua le genre de vie des Éleuthéromanes ainsi qu'il suit.

On ne sait d'où ils viennent, ni s'ils furent semblables jadis aux autres hommes; mais il y a des traditions parmi eux suivant lesquelles on pense que les premiers Éleuthéromanes furent gouvernés d'abord par des tyrans aristocratiques, et, en second lieu, par des chefs démocratiques choisis par le peuple. Ils eurent aussi un code de lois, des usages et des mœurs, dont il ne subsiste aucune trace actuellement. En effet, ils sont possédés depuis de longues années d'une certaine manie libre qui les porte à vivre chacun à leur guise. Dans ce but, sitôt qu'ils sont parvenus à l'âge de raison, ils se coupent à eux-mêmes les oreilles, et en bouchent l'orifice à l'aide d'une certaine terre d'argile qui acquiert la dureté de l'os des tempes. En effet, les premiers qui s'étaient délivrés des lois et des usages anciens choisirent leurs amis et se réunirent entre eux afin de vivre agréablement. Ils se dispersèrent ainsi par cinq ou par dix. Mais au bout de peu de temps certains de ces groupes en méprisèrent d'autres, comme il arrive dans les sociétés, et les raillèrent par des chansons ou des discours. Ils se décidèrent alors, pour détruire cette hiérarchie nouvelle, à la mutilation volontaire qu'ils pratiquent. Ils s'y résolurent aussi par d'autres raisons; car ils avaient remarqué combien la persuasion d'un homme par un autre homme peut être funeste. Ainsi nul ne parvient ni à les convaincre, ni à leur donner un ordre, ni à prendre aucune puissance sur leur volonté. Quelques-uns d'entre eux, qui avaient la cervelle faible, et qu'on pouvait contraindre à de certaines décisions au moyen de gestes ou de regards, se couvrent les yeux avec des valves de coquillage, ce qui a amené, chez les enfants de plusieurs familles où cet usage s'était perpétué, la perte complète des organes de la vue.

A partir du moment où ils eurent conçu un tel mode d'existence, l'éleuthéromanie se tourna en monomanie : car ils vivent par unités. Leur nourriture est de racines qu'ils vont arracher et dont ils rejettent aussitôt la graine en terre, ne connaissant ni temps de semailles ni époque de moissons. Ils boivent à un étang où ils peuvent plonger la bouche en se couchant sur la rive. Personne ne tourne pour eux de poterie, et ils ont très peu d'outils. Chacun entretient son propre feu dans un petit creux du sol, et le couvre à demi avec une pierre plate. D'ordinaire ils vont nus ; l'hiver même est assez doux dans leur île. Rien ne les étonne plus que l'ordre, la suite et la discipline. Ils permettent les vols, les assauts de jeunes filles et les meurtres, et ils ne reconnaissent aucune solidarité. Ceux d'entre eux qui sont gais tournent parfois leur derrière vers le ciel et jettent leurs excréments à la figure des autres hommes ; puis ils se frappent légèrement le ventre. En effet, ils méprisent l'autorité divine, et ils se rappellent continuellement entre eux qu'un homme n'a droit sur aucun autre homme, la mesure commune de toutes choses étant l'individu.

Voici maintenant comment les Éleuthéromanes s'y prennent pour qu'il ne s'élève dans leur île aucun tyran. Chacun a transmis aux jeunes depuis l'origine une certaine quantité d'une substance qui leur sert à se défendre.

Cette substance fut autrefois composée par celui qui les délivra de la tyrannie des élus du peuple, et elle fut équitablement partagée entre tous les Éleuthéromanes. Elle a l'aspect de l'argile et sa couleur est entre le jaune et le blanc. Aussitôt qu'on en approche un tison enflammé, elle se précipite avec un bruit effroyable, renverse les arbres, crevasse la terre et la fait trembler. Aucun homme ne peut résister au pouvoir de cette substance; chaque Éleuthéromane y est soumis également et en possède une quantité égale; en sorte qu'ils ne vivent pas en état de guerre. Ils ont donné à cette matière le nom de « Puissance » ou d' « Énergie », que nous appelons *dynamis*.

Après que le pilote eut terminé son discours, nous nous dirigeâmes vers l'intérieur du pays, où nous vîmes plusieurs jeunes Éleuthéromanes qui faisaient chauffer séparément de l'eau sur leurs feux dans de grandes coquilles non façonnées. Ils consentirent à répondre au pilote, car tous les Éleuthéromanes ont conservé l'usage de la bouche, de la langue et de la parole pour chanter des hymnes à la Liberté. Parmi ceux-là on nous en montra qui s'efforçaient de changer leurs décisions d'un instant à l'autre, afin de ne dépendre même pas d'eux-mêmes ; d'autres versaient de l'eau sur la partie convexe des coquilles, ou marchaient sur les mains, ou délayaient la poudre de racines avec du feu, ou enfonçaient leur nourriture dans l'extrémité inférieure de leur intestin côlon, ou tentaient d'uriner derrière eux, ou mangeaient leurs excréments bouillis, afin de modifier continuellement les habitudes de leur corps ou les instincts et de ne pas se soumettre à la nature.

L'un d'eux était le fils du vieillard que nous avions aperçu le long de la côte. Quand nous lui fîmes signifier par le pilote que ses traits ressemblaient à ceux de son père, il entra en fureur et voulut se jeter sur nous. Les autres Éleuthéromanes l'imitèrent et chantèrent à pleine voix l'hymne de la Liberté. Soit parce qu'ils sont privés d'oreilles, soit pour manifester leur haine de l'harmonie universelle, ils commencèrent l'un çà, l'autre là, le premier au milieu, l'autre à la fin, le troisième à rebours, si bien que nous manquâmes avoir l'ouïe rompue.

Nous nous enfuîmes au plus tôt vers notre bateau, et nous le lançâmes à la mer; car il nous semblait que les Éleuthéromanes allaient déterrer leur « puissance » jaune et nous anéantir. Le pilote reprit le gouvernail et nous exposa notre imprudence. Les Éleuthéromanes craignent par-dessus tout de ressembler à quelque autre homme, sachant bien que c'est une manière de contrainte qui leur serait imposée à leur insu. De la pleine mer nous les regardâmes encore plusieurs heures sur la côte, et tous faisaient des gestes divers.

TABLE

	Pages
François Villon.	1
Robert Louis Stevenson.	95
George Meredith.	117
Plangòn et Bacchis.	131
Saint Julien l'Hospitalier.	155
La Terreur et la Pitié.	185
La Perversite.	211
La Différence et la Ressemblance. . . .	225
Le Rire.	237
L'Art de la Biographie.	251
L'Amour.	269
L'Art.	295
L'Anarchie.	325

ACHEVÉ D'IMPRIMER

le vingt septembre mil huit cent quatre-vingt-seize

PAR

BLAIS ET ROY

A POITIERS

pour le

MERCVRE

DE

FRANCE

MERCVRE DE FRANCE
Fondé en 1672
(Série moderne)
15, RVE DE L'ÉCHAVDÉ. — PARIS
paraît tous les mois en livraisons de 200 pages, et forme dans
l'année 4 volumes in-8, avec tables.

Romans, Nouvelles, Contes, Poèmes, Musique, Études critiques
Traductions, Autographes, Portraits, Dessins & Vignettes originaux

Rédacteur en Chef : Alfred Vallette

CHRONIQUES MENSUELLES

Épilogues (actualité) : Remy de Gourmont ; *Les Romans* : Rachilde;
Les Poèmes : Francis Vielé-Griffin ; *Littérature* : Pierre Quillard;
Théâtre (publié), *Histoire* : Louis Dumur ; *Philosophie* : Louis Weber
Psychologie, Sociologie, Morale : Gaston Danville
Économie sociale : Christian Beck
Ésotérisme et Spiritisme : Jacques Brieu
Journaux et Revues : Robert de Souza
Les Théâtres (représentations) : A.-Ferdinand Herold
Musique : Charles-Henry Hirsch ; *Art* : André Fontainas
Lettres allemandes : Henri Albert ; *Lettres anglaises* : H.-D. Davray
Lettres italiennes : Remy de Gourmont
Lettres Portugaises : Philéas Lebesgue ; *Échos Divers* : Mercure

PRINCIPAUX COLLABORATEURS

Paul Adam, Edmond Barthélemy, Tristan Bernard, Léon Bloy, Victor Charbonnel,
Jean Court, Louis Denise, Georges Eekhoud, Alfred Ernst, Gabriel Fabre,
André Fontainas, Paul Gauguin, Henry Gauthier-Villars, André Gide,
José-Maria de Heredia, Bernard Lazare, Camille Lemonnier, Pierre Louys,
Maurice Maeterlinck, Stéphane Mallarmé, Paul Margueritte, Camille Mauclair
Charles Merki, Stuart Merrill, Raoul Minhar, Adrien Mithouard, Albert Mockel,
Charles Morice, Pierre Quillard, Yvanhoé Rambosson, Ernest Raynaud,
Hugues Rebell, Henri de Régnier, Adrien Remacle, Jules Renard, Adolphe Retté,
Georges Rodenbach, Saint-Pol-Roux, Camille de Sainte-Croix, Albert Samain,
Marcel Schwob, Robert de Souza, Laurent Tailhade, Pierre Veber, Émile Verhaeren,
Teodor de Wyzewa, etc.

Prix du Numéro :
France : 1 fr. 50 — Union : 1 fr. 75
ABONNEMENTS

	FRANCE	UNION POSTALE
Un an	15 fr.	Un an . . . 18 fr.
Six mois	8 »	Six mois . . . 10 »
Trois mois	5 »	Trois mois . . . 6 »

On s'abonne *sans frais* dans tous les bureaux de poste en France (Algérie et
Corse comprises), et dans les pays suivants : Belgique, Danemark, Italie, Norvège,
Pays-Bas, Portugal, Suède, Suisse.
Abonnement annuel pour la Russie : 7 roubles par lettre chargée.

Imp. C. Renaudie, 56, rue de Seine, Paris.

www.ingramcontent.com/pod-product-compliance
Lightning Source LLC
Chambersburg PA
CBHW060454170426
43199CB00011B/1198